武道の心で毎日を生きる

「身体脳」を鍛えて、肚《はら》を据える

宇城 憲治

SUN MARK

サンマーク文庫

文庫版のための「まえがき」

いま、日本人はいたずらに悩んだり悔やんだりと、精神力が弱くなっています。さらには、耐える力がなくなっているようにも思います。社会全体にも、希望がなくなっている。

このような日本を、強く誇りある姿に戻すには、どうしたらよいのでしょうか。それには、かつてのような、肚《はら》の据わった、心を持った日本人を取り戻すことです。

本来私たち日本人には、肚が据わった者としてのＤＮＡ（遺伝子）があるのです。それは、先祖から武道などの形を借りて連綿と引き継がれてきたＤＮＡ。いまこそ、それにスイッチを入れなければなりません。

日本語には、「気」のつく言葉や表現がたくさん使われています。気が気でない、気が利く、気を許す、気が立つ、気合い……。例をあげたら、きりがありません。あたかもこの国は、「気の国」と言っていいほどです。

これからの多難な時代を乗り越えるには、全身に気を通し、肚を据え、逃げない身体をつくることです。

今回文庫化された本書が、その生き方の一助になればと思います。

「進歩成長とは、変化することである。
変化するとは、深さを知ることである。
深さを知るとは、謙虚になることである」

2009年8月吉日

宇城憲治

はじめに
武道には600年の重みがある

私は大学入学と同時に空手を始め、38年間、稽古を続けています。

卒業後は、電器メーカーに就職。それから約30年、電器・電子産業の最前線で開発と経営に携わってきました。イリジウム衛星携帯電話の開発、NASA（アメリカ航空宇宙局）との共同事業に責任者として取り組んだり、シリコンバレーではアメリカのベンチャー企業を指揮して半導体の開発等を行いました。

時代の最先端を行くビジネスは厳しくもあり、充実感もありました。私にとってそうした国際ビジネスの現場は、かつて武士たちが真剣で立ち合った実戦さながらの勝負の場に等しいと覚悟を決めて取り組んでいました。

武術の世界では、負けは即、死を意味します。

億単位のビジネスの世界も同様です。失敗すれば、自分はもとより、従業員とその家族が路頭に迷います。ことにリーダーの責任は重大です。

私は、およそ負債百億円、海外も含めると社員一千名を抱えて倒産した会社の再建を任された経験があります。閉鎖する予定の工場を回り、社員に説明をしたときの従業員やパートの女性たちの目は忘れることができません。自分の力不足を感じました。

それでも多勢の迫力に応じ、厳しい状況を打開できたのは武道をやっていたお陰だと思っています。それは、武道には、いかなる状況に置かれても動じず、瞬時に本質的な力を発揮し、相手と調和融合して最善の道を切り開く原点と術が秘められているからです。

私がこの本を著すのは、日本社会が道筋を失い、深刻な混迷にあえいでいるからです。働き盛りの世代が、リストラや不況に怯《おび》え、先行き不安にさいなまれています。会社に裏切られ、政治に裏切られ、時には家族に裏切られ、これから何を信じていけばよいのか、多くの人が指針を失っています。そんな大人たちを見て、国を愛する気持ち、親を敬う気持ち、そして自分を愛する気持ちの薄い若者が増えている。悲しい現実です。

これを打開する明快な手がかりを示し、日本が誇りと希望を取り戻すきっかけを提供したい、それがこの本の目的です。

日本は、欧米のやり方を何もかも熱心に真似することで近代化を図ってきました。国際化の流れは避けられません。けれど、国際交流が活発になっても失わず守るべき文化伝統、大切な生活習慣があったのです。

日本は自分たちの文化・習慣の素晴らしさを自覚することなく見逃し、失い続けています。文化や習慣を捨てることがいかに愚かな過ちであったか、私たちはいまになってさまざまな社会現象によって思い知らされているのです。

それでもまだ、核心に気づかない人が多いのは残念でなりません。

日本には元来、いま直面するすべての問題を根本的に解決し、豊かな生活を導く知恵や文化が脈々と受け継がれていました。

武道家として、まだ先人の足下に及ばない私が語るのは僭越《せんえつ》ですが、私の体験を通して武道の素晴らしさを伝えることが、日本に希望を与える一助になればとの思いと使命感を抱いて、これを発信させていただきます。

武道の心で
毎日を生きる

目次

序 日本人であることの誇りと自信を取り戻す

一 「身体脳」で覚えたことは、決して忘れない

二 本当の強さを生み出す「統一体」

三

仕事にも生きた武道の心得

四　「調和融合」の世界こそ究極の強さ

五

武道の教えで超一流のスポーツ選手を育てる

六

「型」は人を生涯にわたって成長させる

七 身体に嘘のない生き方が家庭を守る

UK実践塾　宇城憲治
〒569-1141
大阪府高槻市氷室町1-5-4

構成●小林信也
編集協力●小林信也事務所／梶原光政
ブックデザイン●熊澤正人+熊谷美智子（パワーハウス）
イラスト●角　愼作

序

日本人であることの誇りと自信を取り戻す

アメリカ人を圧倒した幕末の日本人

江戸時代の終わり、1860(万延元)年に日米修好通商条約の批准書交換のためアメリカに渡った日本の使節団は、出迎えたアメリカ市民たちに、ひと目で畏敬の念を与えたそうです。

ニューヨークのブロードウェーを馬車で行進したときの様子を、当時のアメリカの代表的な詩人、ウォルト・ホイットマン(1819~92年)が記しています。3巻からなる詩集『草の葉』の中巻、「ブロードウェーの華麗な行列」と題する詩の一節です(酒本雅之・訳)。

西の海を越えて遥か日本から渡来した、
頬が日焼けし、刀を二本手挟んだ礼儀正しい使節たち。
無蓋《むがい》の馬車に身をゆだね、
無帽のまま動ずる気配もなく、

きょうこのマンハッタンの街頭をゆく。

長く続いたパレードと同様に、詩もこのあと延々と続きます。ホイットマンは「礼儀正しい使節たち」を「日本の貴公子」と呼び、終始ほめ讃えています。

アメリカ文学に初めて登場する日本人像は、アメリカ人たちに感銘を与え、尊敬すべき存在として描かれているのです。

時の外国奉行・新見《しんみ》豊前守《ぶぜんのかみ》正興《まさおき》を正使とする使節団にとって、アメリカは初めて渡る未知の大陸でした。江戸時代の日本から汽船に乗って太平洋を横断し、初めて汽車に乗り、西洋建築のホテルに滞在した。見るもの出会うものすべてが別世界の体験だったはずですが、使節団の日記を読んでも動じた様子はありません。

日本は文明的には後進国でしたが、文化的には建国100年に満たないアメリカをはるかに超えるものがある。その自信のお陰で「動ずる気配もなく」ホイットマンの感動を呼び起こしたのでしょう。当時の日本人には、初対面のアメリカ人を圧倒する迫力があったのです。

彼らの背景には、武道と武道に根ざした日本の生活習慣がありました。正座、礼儀といった日本人の生活文化は、単なる儀礼や形式ではありません。ひとりひとりの姿勢や呼吸をも培う、大切な身体科学と深く結びついていることが、武道を学ぶとよくわかります。

スポーツ空手から武術空手に「転向」

私が宮崎大学に入って最初に始めたのは、「スポーツ空手」でした。そして数年後に「武術空手」に移ったのです。

スポーツ空手、武術空手と言われても、ピンとこない人がほとんどだと思います。スポーツと武術の違いがはっきり認識されていない西欧文化に影響されて、日本文化の本質がわからなくなっている、いまの日本を象徴しています。その違いをはっきり認識し体感することが、今日から明日を生きる大切な手がかりです。

私は22歳のとき、当時最年少で第二回全日本空手道大会（日本武道館）に出場しました。試合を経験して漠然と、この空手はいざとなったら使えないな、と感じました。競技の場では強くても、実戦では相手を絶対に制することができると思えなかったのです。

それからまもなく、座波仁吉《ざはにきち》先生（心道会最高師範）との本格的な出会いがありました。座波先生は宮崎大学空手部の最高師範でしたから存じ上げていましたが、大阪在住の先生が宮崎に来られるのは年2回の審査会くらいです。畏れ多くて親しく接する機会はありませんでした。

私が大阪の会社に就職してから、座波先生と直に接し、突き、蹴りなどの基本はもちろん、型や型を土台にした組手、投げ、関節技などの手ほどきを受ける機会を得ました。驚きと感動。座波先生の空手に触れて、それまでの空手に対する見方が変わっていきました。

座波先生は当時すでに50代の後半、まもなく60歳になられる年齢です。しかも私よりずっと小柄なのに、その突きの威力は尋常ではありませんでした。スポーツ空手とは、まったく異質なものだと感じました。

それでもしばらくは、座波先生の稽古に通う一方、世界チャンピオンのいるスポーツ空手の道場にも並行して通っていました。当時も世の中で行われている大半はスポーツ空手。武術空手とは何かが違い、脅威は感じるものの、私もすぐには決断できなかったのです。

徐々に武術空手の奥深さを実感し、あるときさっぱりスポーツ空手をやめて座波先生に師事しました。きっかけはいくつかありますが、特に覚えているのは、座波先生と一緒に、後輩が出場する空手の全日本学生個人選手権大会を見にいったときの衝撃です。

場所は大阪の中央体育館。後輩が拓殖大学の選手と対戦しているのを先生と一緒に見ているとき、先生が「危ない、蹴られるぞ！」と言われた。次の瞬間、後輩は上段回し蹴りをあごに受けて昏倒したのです。私は呆気にとられました。病院に行ってわかったのですが、あごの骨が二ヵ所折れていました。

先生とご一緒していると、予言めいた言葉にしばしば驚かされます。ご自宅で組手の稽古中、私が構えたとたん「宇城君、次は蹴りか」と先に言われてドキッとしました。先生には、こちらの動きや気配で全部読まれているのです。そういう経験を重ねるうちに、これは何か違うぞ、という気持ちになっていったのです。

いまは先生がなぜ読めたのか、自分にもわかるようになりました。そこにスポーツ空手にはない、心の躍る深みが秘められています。

武道とスポーツはまったく別もの

スポーツとは、決められたルールの枠の中で勝ち負けを決める競技（ゲーム）です。相手との優劣を生命の危険とさほどかかわりのない次元で競う、相対的な世界。

武道は、命をかけた真剣勝負です。負ければ死ぬ、甘えや妥協の余地のない絶対的な世界。そして、真剣勝負だからこそ、戦うことが本当は許されない、そういう意味でも絶対的な深みを持った世界です。

２００２年の初夏、ラスベガスで開かれた「ＡＩＫＩ ＥＸＰＯ」という、合気道を中心とする大きな国際イベント（実践講習会、交流会）に招待師範として招かれて

行ったとき、参加したアメリカ人武道家たちから、

「空手は人を倒すためのものでしょう？」

と訊かれました。ちょうど9・11米同時多発テロ事件が起こった翌年のことです。

私はこう答えました。

「武道の極意は『戦わずして勝つこと』です。ブッシュ大統領がもし沖縄の空手を学んでいたら、今回の戦争は起きなかったでしょう」

世界に出て活躍するなら、ただ強いだけでなく、哲学を持たないといけません。

武道は真剣勝負、勝てば生き残りますが、負けたら死にます。それだけを見れば殺《さつ》伐《ばつ》とした、非人道的な世界です。けれど、武道の本質はそこにはありません。

幕末の志士のひとりに山岡鉄舟がいます。鉄舟は剣の達人でありながら、生涯ひとりも人を斬ったことがない人物です。この山岡鉄舟が幕末に成した最も大きな功績は、江戸城の無血開城を実現させたこと。血を流さずに、江戸幕府から明治政府へと大きな時代変革を成し遂げた功労者です。

一般的な歴史書には、無血開城の立役者は勝海舟と書かれています。たしかに正式

な決定は、幕府の代表である勝海舟と官軍の事実上の権力者・西郷隆盛の最終会談で行われました。しかしその数日前、勝海舟の手紙を携えて駿府の総督府に西郷隆盛を訪ね、予め合意を取りつけたのは山岡鉄舟でした。

江戸から駿府まで、幕臣の鉄舟が、待ち受ける官軍の軍勢をどう切り抜けて西郷隆盛のもとまでたどり着いたか、それを聞いて西郷は感服したといわれます。山岡鉄舟の迫力が、それを可能にしたのでしょう。

まさに、剣の修行によって獲得した「戦わずして勝つ」境地を体現し、無血開城を実現させたのです。ここに武道を究める真骨頂があります。なぜそれができるのか、戦わずして勝つ武道の真髄については、あとでまた述べます。

現場の痛みを知らない社会のリーダーたち

私が最初に就職したのは、本社が大阪で、地元宮崎に工場のある電子機器開発・製造をしている三和電器製作所（現・三和電子サーキット）という会社でした。

入社してすぐ、宮崎の工場で製造ラインを任されました。

当時の製造ラインというのは、一定の速度で動いていくベルトコンベア上に各担当者が順番に作業を加え、部品組み立てをしていき、ラインの終着点では一つの製品が完成しているという工程です。

まず私が最初にやったのは、生産効率を上げるために製造ラインのスピードを落とすことでした。普通はその逆でスピードを上げるのですが、ラインの状況を見たとき、直感でそう思ったのです。一日に1000個の製品を作るライン・ペースを800個に減らしました。それは、毎日ラインで100個くらいの不良品が出ていたからです。

不良品は、あとで修正しなければなりません。ライン上をはずれた不良品の修正は個別作業になり、ラインの流れ作業からするとかなり時間がかかります。また、材料の損失、補充など、トータルで考えると、かえって効率が下がると思ったのです。また、品質の点から不良発生の本質がどこにあるのかを追求する必要性を感じ、ラインのスピードを落とし、作り込みに念を入れたわけです。

そのことで問題の本質が見えてきました。すなわち、製造段階での問題ではなく、それ以前の設計段階に問題があることがわかり、提案を添えて技術にフィードバックし、設計変更してもらいました。こうして、次第に不良品はなくなっていきました。

しかし、新製品を設計するたび不具合が続出。目標生産数の達成のために、残業・休日出勤を強いられました。これではいつまでたっても、生産効率が上がりません。これは設計を何とかしなければならないという思いがあって、宮崎の工場から設計部門のある大阪の本社に、入社から6ヵ月後に転勤しました。

工場の気持ちをもって本社に乗り込んだ私は、ラインの女性作業者たちの苦しみを知っています。時には彼女たちは、血豆までつくって作業をしている。私は毎日それを見ていたのです。その思いをもって、作りやすい設計をしようと努力しました。衝突もありましたが、その思いは理解されました。

最近は、理屈ばかりで現場の痛みを知らないリーダーが多くなっています。頭でものを考え、身体で感じていないリーダーが社会の先頭に立つ。それがいまの日本の深刻な構図です。

いちばん苦しい思いをして、なおかつ批判を向けられるのが現場の人々。それでは社会全体に希望が湧き上がるわけがありません。

現場にこそ、学ぶべき多くのヒントがあり、そこに謙虚に学ぶ姿勢が大事だと思っています。

「深み」「慎み」を忘れた国になった日本

弓の名人が八代将軍・徳川吉宗に呼ばれ、勝負を求められた逸話があります。

吉宗も弓に自信を持っている。それを察した名人は、一計を案じて勝負に臨みます。

相手は将軍ですから、体面を潰すわけにはいきません。かといって、弓術を極める者として、すごすご負けて引き下がるわけにもいかないのです。

まず吉宗が矢を射ると、矢は見事に的中しました。名人は、あっけなく外してしまいます。次にまた吉宗は的中、達人はまた外します。三度目、名人が射ようとすると、吉宗が「参った」と頭を下げ、自分の負けを認めたというのです。

よく見ると、名人の矢は2本とも的を外していながらも、まったく同じ場所に刺さっていました。名人は最初からそこを狙って、２本とも正確無比に射抜いていたのです。

私は、このような思いやりと深みあふれる境地に感動を覚えます。

かつて日本は、こうした深みと心配りにあふれる国でした。それがいまでは、目先の勝ち負け、表面的な優劣ばかりにとらわれて、真の価値観や心豊かな人間関係が失われた国になってしまいました。

日本が世界に誇れる武道文化、生活習慣を改めて見直し、実践することで、新たな希望を取り戻せると私は確信しています。

一

「身体脳」で覚えたことは、決して忘れない

「頭で考える」から「身体で考える」へ

「ビールってどんな味ですか？」

と訊かれたとき、言葉で説明するより「飲めばわかる」、それが一番早いに決まっています。ところがいまの時代は、何でも言葉で説明したがります。行動するより、頭で考えたり言葉で表現するのが高度なように勘違いされている傾向があります。

言葉で説明を聞いただけの人は、ビールに似た飲料を飲まされて「ああ、これがビールか」と信じるかもしれません。ビールを飲んだ経験のある人は、「これはビールじゃない」と飲んだ瞬間に気がつくでしょう。

ここが大事なところです。

けれど最近は「身体が気づく感覚」さえ鈍ってしまっています。だから、人も社会も混迷してしまうのです。

政治不信が、ここ二、三十年の当たり前の社会常識になりました。その理由ははっきりしています。政治家たちが、頭で政治をしているからです。

身体の痛み、心の痛みを伴わない、頭脳による駆け引きや計算に終始しているから、国民が本当に望んでいる政治が行われない。腐敗した汚職や不正がなくなるどころか増える一方なのは、ある意味、当然です。

北朝鮮による拉致問題に対する政府の対応も、頭で考えて行動している典型です。わが子を拉致された親の気持ちがわかったら、あのような曖昧《あいまい》な態度で臨むわけがありません。

新潟県中越地震で被害を受けた方々への対応も同様です。

昔から衣食住といいますが、住まいは生活の基盤です。特に現代においてはこの「住」が失われては気持ちが落ち着かず、生きる希望が湧いてきません。新潟県中越地震でもたくさんの方々が住まいを失い、仮設住宅が建てられました。

が、私はこの「仮設」の文字は余計だと思うのです。なぜ政府は、無償で家を再建してあげる予算くらい素早く捻出しないのでしょうか？

被災者の方々は、自分の落ち度で家を失ったのではありません。天災という、身に降りかかった突発的な被害で、罪もないのに不幸に見舞われたのです。

この痛みを身にしみて感じる心と身体感覚があれば、何とかすぐ家を建て直してあげたい、と思うのが普通の人情ではないでしょうか？　いろいろと大変な事情があっても、それを実践するのが、国や政治家の務めだと思います。

それができないのは、予算のせいでも制度のせいでもなく、政治家が頭でものを考え、理屈で行動しているからではないかと思います。

武道で自己を修練しておくと、こうした本質がたちどころに見えます。決断や実行も速やかにできます。

明治維新から第二次世界大戦を経て、日本は急速に欧米化し、生活習慣はもとより、日本人のものの見方、考え方、価値観まで大きく変化しました。

その中でも、人や社会の根本を成すものが、「身体」から「頭脳」に移ってしまった。それが、いまの日本の混迷を招いた大きな要因だと私は感じています。

身体で考える「身体脳」を開発する

頭でものを考える。頭脳に秀でた人が社会のリーダーになる。身体より頭脳が大切だと考える。戦後はそれが当たり前になりました。学習塾に通って偏差値を上げ、有名な大学に入り、一流企業に就職する。それが幸福への道だと、多くの人が信じていました。いまもその信仰は根強いでしょう。

バブル経済が崩壊し、銀行をはじめ大企業ですら倒産する世相の中で、神話は崩れつつありますが、それでもまだ「一流大学、一流企業」への幻想を捨てきれない人が多いのが現状でしょう。

それは、頭脳こそ第一だという誤った幻想を壊しきれず、それに代わる確固とした道筋が見えないからだと思います。

皆さんは、初めて自転車に乗る練習をしたときのことを覚えているでしょうか？すぐに乗れた人もいるかもしれませんが、たいていはフラフラしたりこけたり、すぐにはスイスイ乗れなかったのではないでしょうか。

かといって、乗り方の説明を聞いたり、誰かにああしろこうしろと言われて乗れるようになったでしょうか？

自転車に乗れるようになるために一番大事なのは「こける」ことです。こけることで身体の中の細胞や神経が働いて、そのやり方ではダメだ、と覚えていくわけです。頭で考えるのではありません。だから、無意識ですが、一回目と二回目のこけ方は違います。

最初は、「こけたらいかん」という頭による判断が勝手に働きます。これは身体を反対の動作にもっていきます。つまり、「こけたらいかん」と思えば思うほど、身体が硬くなったり、肩に力が入ったりと悪い方向に動いてしまいます。

それを繰り返すうち、だんだん頭を働かさなくなり、身体で感じて乗れるようになります。そして、乗れたとき、身体が理解するのです。

身体の中に新しい回路ができる。これを私は「身体脳」と呼んでいます。何かが身体でできるようになったとき、「できる回路」が身体に構築される。

これは脳の命令や支配を超えた、身体が身につけた技。この身体脳をつくることが何より大事です。

水泳も自転車と同じです。一度泳げるようになると、何年ぶりかで水に入っても泳げます。泳ぐ身体脳が身体にできているからです。

身体脳に退歩はありえない

自転車は、一度乗れると一生乗ることができます。しばらく乗らなくても、「練習していなかったから乗れなくなった」という退歩がありません。身体脳は一度形成されると永遠に失われないのです。

このように、〈一度できたら後戻りしない上達〉を私は「非可逆式ステップアップ」と呼んでいます。身体脳は〈非可逆式の上達〉を果たした時点で開発されます。

自転車と違って、以前はできたのに久しぶりだからできない、さっきはできたのに今度はできなかった、というような例はスポーツなどではよくあります。これはなぜでしょう。

ここが〈頭脳で操作する〉のと〈身体脳での動き〉との大きな違いです。

脳の命令によってできた動作は、次にできるとは限りません。ところが、身体で得た感覚、身体脳ができた動作は忘れることがないのです。

物事のプロセスを「頭で考える」から「身体で考える」に移行させると、人間の身体は瞬間的に変わっていきます。「頭で考える」身体動作は重心が浮いてしまい、身体の呼吸が止まり、「居付き」を生みます。頭で考えることで身体が部分でしか動かせない「部分体」になってしまうのです。

重心が浮くこと、居付くこと、部分体になることはいずれも身体動作において大きなマイナスです。しかも、これらの要因は単独でなく複合されていますから一層、質《たち》の悪いものになります。

「身体で考える」動きは、頭で考えて動いた身体動作と正反対です。無意識なのに、重心が浮きません。どこにも余計な力が入っていない、居付かない、そして「統一体」になっています。

統一体とは、部分体に対して心技体がひとつになっている、「身体で考える」身体動作の本質です。

これについては、次の章で詳しく書きます。

身体に刻む教育が私の生き方の原点

私の生き方の土台になったものは何かと訊かれたら、武道より先に「生まれ育った環境と親の教育」と答えるでしょう。

いまも忘れられない出来事があります。

小学校４年生のときでした。

市の作文コンクールで私が一等賞をもらい、市役所に作文が飾られました。学校では先生に褒められ、私も素直に喜んでいました。

ところが、その作文を読んだとたん、父は激しい剣幕で、

「そんな作文、早く市役所からはがしてこい！」

と怒鳴ったのです。

私の家の周りは山で、よく野鳥を獲る罠を仕掛けていました。毎朝の日課としてそれを見に行くときの話を書いた作文です。

「朝露がダイヤモンドのようにキラキラ輝いて、とてもきれいでした」

という一節がありました。これが父の逆鱗に触れたのです。

「お前は本物のダイヤモンドを見たことがあるのか！」

父は怒鳴りました。小学校４年生が、まだ実際に見たこともないダイヤモンドを比喩に使っていたからです。

「見たこともないのに、見たように書くんじゃない！」

ズバリと言われた。

父の教えはいまも痛烈に私の中に刻まれています。

私の父は、戦時中、戦闘機乗りでした。子どもの躾に関して、父のやり方は徹底していました。口ぐせは「失敗は成功のもと」ではなく、「失敗は失敗のもと」でした。それは、当時の戦闘機はエンジンが止まれば墜落し、死を意味していたからだと思います。

「飯《めし》！」

と言われて、一度ならず二度も生返事をして二階の自分の部屋から降りていかないと、食卓に行ったときにはご飯がすっかり片づけられています。文句も言い訳も通用しない。その日の食事は、それっきりです。

お風呂もそうです。

「風呂！」

と言われてすぐ行かず、少し経って入ろうとすると風呂の栓が抜かれて、もうお湯がありません。

父の教育は、すべてがそういう〈身体に刻む教え方〉でした。

最近は学校でも家庭でも、頭や理屈で教える教育が大半です。頭や理屈では、人は動きません。何も変わらないのです。

なのに日本人はいつからか、身体に刻む教え方をすっかり忘れ、理屈を押しつけて満足するやり方に終始する国民になってしまいました。それがいまの深刻な社会状況を招いていることを、まだ多くの人が気づいていません。

身体にエネルギーを湧き上がらせる

工場や事務所を訪ねると、よくスローガンが壁に張ってあります。

「安全に作業しよう」

「手洗い励行」

といったフレーズです。これらはいずれも頭脳に訴えるものです。訪問先でこの手のスローガンを見ると、その会社のレベルがわかります。

「きちんと挨拶しましょう」も同じで、スローガンを掲げても本当は意味がありません。相手を尊敬する気持ちがあれば、自然と挨拶はするでしょう。強制された挨拶には意味がありません。

学校で「イジメはやめよう」といくら教えてもイジメはなくなりません。頭脳に訴えても、行動は変わらないからです。この現実をいまの日本はすっかり忘れています。

言えばできる、と思い込んでいる。

言ってもできないと、その相手がダメだと決めつける。言ったほうは務めを果たしたけれど、相手がそのとおりできなかったのだと考える。

そうではありません。頭脳に訴えている上司や指導者、親たちがいけないのです。そんな言い方が無意味な現実に早く気づく必要があります。愛情のある子ども、心が満たされている子どもは友だちをいじめません。

頭に訴えるより、身体にエネルギーを湧き上がらせることです。

企業なら、「売り上げを伸ばそう」と尻を叩かれて取り組むのと、どこにもないオンリーワンの商品を作ろうと一丸になってやるのではぜんぜん違います。後者では、結果として売り上げが伸びる、利益につながる。

経営者や管理職がそこを履き違えている企業が、いまは多いのではないでしょうか。

1パーセントのひらめきにこそ価値がある

エジソンの「発明は1パーセントのひらめき（霊感）と99パーセントの努力（汗）によって生まれる」という言葉があります。現代の日本でもしばしば教訓的に使われます。

たいていは「ひらめきや才能はわずかな割合にすぎない。成功するには圧倒的に努力のほうが大切なのだ」という解釈で使われます。

これは大きな誤解だと私は思っています。国際的なビジネスを経験して、つくづくそれを感じるのです。

エジソンが本当に言いたかったのは、「いくら努力しても、ひらめきがなかったらその努力は無駄に終わる。割合は1対99かもしれないが、その1パーセントのひらめきがあって初めて発明は現実のものとなる」だったにちがいありません。

全体に占める割合は小さくても、ひらめきがいかに大切かを強調した言葉です。なにしろ99パーセントの努力があっても、1パーセントのひらめきがなければ何も生まれないのです。

日本社会が、頭でものを考えている。これはその実例だと思います。頭脳でなく身体脳で生きていれば、言葉遊びのような教訓に騙されはしません。

頭で考えたスローガンをありがたく感じる、それはまさに頭脳を優先して生きている証拠です。

二

本当の強さを生み出す「統一体」

目に見えない「本質的な力」を体感する

最近は、目に見える力ばかりを手がかりに会話がされています。筋肉が大きい、筋力がある、だから強い、といった発想です。これは、人間の本質的な力とはまったく違います。

それを体感してもらうために、私がよくやる方法をご紹介しましょう。この本では、文章を読んで頭で理解するのでなく、実際に身体を動かし、身体で感じながら読んでもらえるように書き進めていきます。

誰かひとりパートナーが必要です。できれば自分と同じくらいの体格の人が最適ですが、体格の違う家族や友人でもかまいません。

まず試してもらうのは「正座のお辞儀」です。

正座して、お辞儀をしてみてください。そして、お辞儀をしたままの姿勢で、パートナーに背中を両手で下に押してもらいます。

どうでしょう、ビクともしませんでしたか？　それともグシャッとつぶれてしまいましたか？ ビクともしなかった人は姿勢ができている証拠です。

次に、正しい正座の姿勢で座ります（イラスト①参照）。

背筋を伸ばし、両肩をスッと落とし、まっすぐ相手に眼差しを向けます。胸を開き、上体をしっかり伸ばした姿勢でお辞儀をします。首筋もスッと伸ばしたまま、目は身体と一緒に徐々に下げていく。

上体が床面と平行になる直前、スッと左手を出して床に置き、すぐ右手を添えます。両手の親指と人差し指の先をピタッとつけて三角形をつくります。その三角形の真ん中に胸を入れるような気持ちでお辞儀をします（実際には口元が三角形に入るくらいの位置です）。

頭だけ下げてはいけません。首筋を伸ばしたまま、顔も床面と水平です。目はまっすぐ自然に床に向けます（イラスト②参照）。

その姿勢でまた背中を押してもらいます（イラスト③参照）。今度はビクともしないのがわかるでしょう。

頑張っているつもりはないのに、全身に力がみなぎって揺るぎない、しかも柔軟性がある。押すほうの手応えもさっきとは明らかに違うはずです。同じ体格の人なら、両足で背中に乗っても崩れません（イラスト④参照）。

これが、「本質的な力」の一端です。力の本質は、筋力ではありません。身体の使い方で、人は一瞬にして変わる。強くもなるし弱くもなることを実感してもらえたでしょう。

いい加減な姿勢でお辞儀をした場合でも、懸命にこらえればかろうじて人を背中に乗せることはできます。けれど、会話が自然にできるでしょうか。息が詰まって、まともに声を出せません。

一方、きちんとした姿勢でお辞儀をすると、背中に人を乗せても楽々と会話ができます。身体に呼吸が通っているからです。

強い力を発揮する無意識の動作

もうひとつ、別の動きで感じてもらいましょう。

1 足は重ねず、左右の親指が触れる程度にする。

2 親指と人差し指の先をつける。首はまっすぐ。

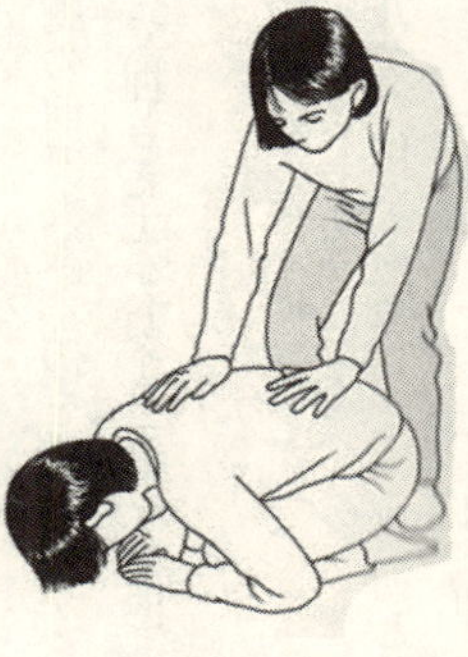

3 押す人は急に押さず、ジワッと力をかける。

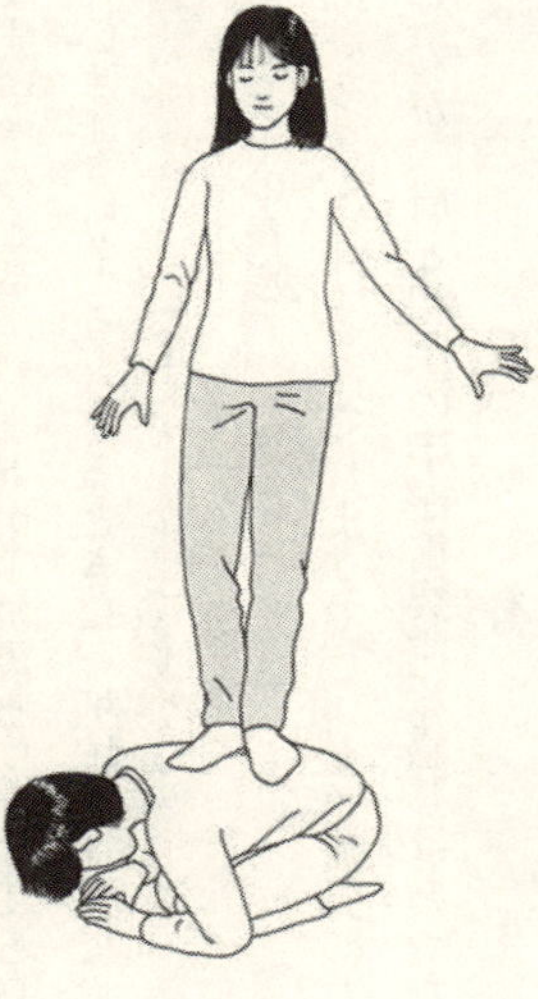

4 正しいお辞儀だと人が乗っても安定感がある。

正座の姿勢から立ち上がります。そのとき、パートナーに後ろに立ってもらい、両手で両肩を上から押さえてもらいます。立とうとするときに、抵抗を加えてもらうのです。

まずはやってみてください（イラスト⑤参照）。

立とうとすると、両肩に抵抗があって、ひるんでしまうでしょう。強引に力で立ち上がれた人もいるかもしれませんが、肩と相手の手が衝突する感じはあったでしょう？（イラスト⑥参照）

次に、もう一度同じことをやります。

今度は立ち上がるときに両手の人差し指で胸の前で大きく円を描きながら立ち上がってください。パートナーはさっきと同じ力で押さえます（イラスト⑦参照）。

どうでしょう。

「あれ？」と思う違いがありませんでしたか？

実践講習会でこれをやると、まず9割以上の人が変化を実感します。最初と違って、あれれと思うほど簡単に立ち上がれるのです。後ろで押さえていた人は、押さえが効

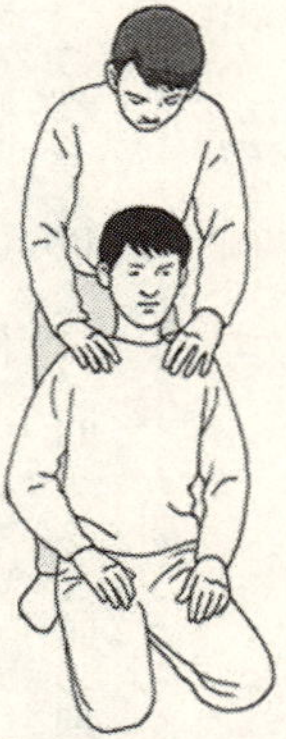

⑤ 後ろの人は、真上から
しっかりと押さえる。

⑥ ただ立とうとしても、
後ろの人に阻まれる。

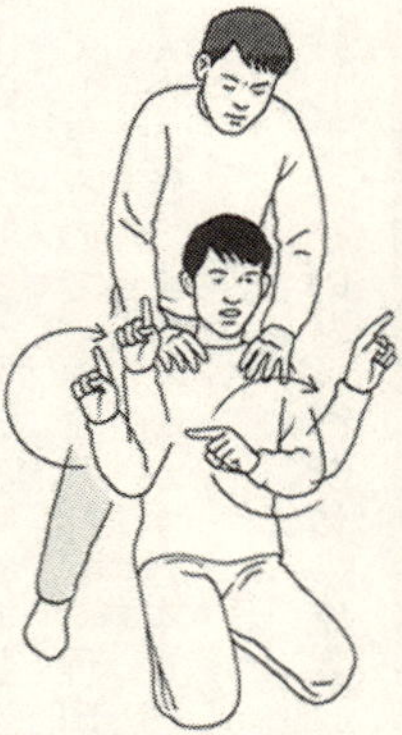

7-1 後ろの人は、さっきと
同じ力で押さえる。

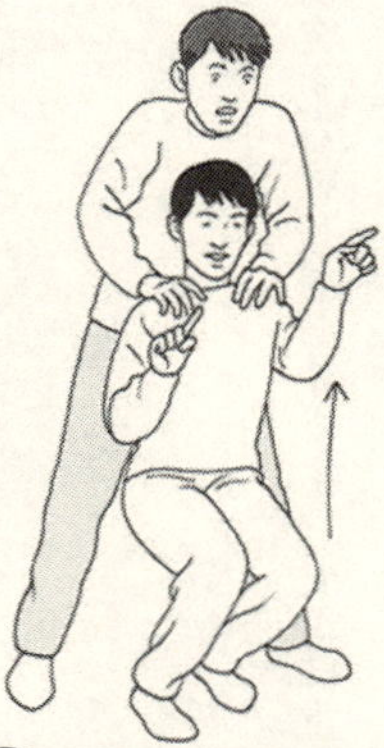

7-2 二人とも次元の違う力を
感じることができる。

きません。力というより、何かそれ以上の勢いで、あっさり蹴散らされてしまう感じです。

これも、決して筋力のなせる業ではありません。

敏感な人は、最初と2回目の身体の感覚の違いに気がつくでしょう。

「立とう」とした最初のときは、両肩に衝突する感じがあります。そこに重さを感じて、自分の立とうとする気持ちが萎《な》えてしまいます。

両手で円を描きながら立ち上がった2回目は、力を入れているつもりはないのに、身体の芯から自然に力が湧き上がる感じ。揺るぎない自信があって立ててしまう。不安を感じない、何も考えないうちに事実立ち上がってしまっている感覚でしょう。

これを分析的に説明すると頭の理解になってしまうので、あまり詳しく理由は語りません。これもまた、人間がどんなとき、どんな回路で身体を動かすと本質的な力が出るかの実例です。

なぜ？　と理屈を追求するより、実際に体験して、そのときの身体の感覚、特に身体の中の変化を敏感に感じてください。それが一番大切です。

一応、少しだけ理由を書けば、「人間の脳は単一性があり、同時に二つのことを処理できない習性がある」からです。

手で円を描こうとすると、脳は同時に二つのことができませんから、立つという動作が無意識のものになります。無意識だから、身体脳が身体を動かします。立つという動作はすでにできていますから、無意識にできるのです。

無意識だと両肩の負荷をものともせず、これほど楽に立てるわけです。言い換えれば、頭脳の命令で立つよりはるかに強い本質的な力が出るのです。

文章を読んでいるだけでは、信じられないかもしれませんが、やってみればわかります。力の概念が違う、そこが大切です。

頭で理解するだけでは「身体の内側」に入れない

こうした動きを講習会でも体験してもらうのですが、身体の感覚に心を向けず、すぐ頭で理解したがる人が大勢います。

いま、これを読みながら、「なぜだろう？」「そんなはずがない！」など、あれこれ疑心暗鬼で考えている人もいるでしょう。

実践して、書いてあるとおりの変化が起こったのに、なお「おかしい」「暗示にかかっているんじゃないか？」などと、理屈を頭で考える方向に意識が働く人。それがまさに、身体脳でなく頭脳を優先させて生きている現代人の典型です。

思いがけない事実に直面した。自分で体験したのです。身体が感動しなかったでしょうか。驚きや喜びを感じませんでしたか？

まずはその驚き、喜びを素直に感じ、身体の目覚めを手がかりにしてください。

「なぜそうなるのだろう？」

頭で考えてもわかるわけがありません。頭では理解できない、頭脳よりはるかに次元の高い身体の可能性を体感してもらっているのです。

ここで頭脳への幻想や頭脳の優越感を捨て、身体脳の素晴らしさ、人間の身体が秘める可能性に感動を覚え、その領域に身を投げ出せれば、もっと素晴らしい自分を発見することができます。

頭が邪魔をするかぎり、身体の内側に足を踏み入れることはできません。

私がこの本でご紹介しているのは、私が勝手に作ったオリジナルの身体論ではありません。６００年の歴史に根ざした武道本来の教えを忠実に学び、修行を重ねたうえで、武道の心得がない人にも真価を実感してもらうため、あえて日常動作に落とし込んだ入門編です。

あまりに簡単な動作ですが、これは武道の本質にもつながる基本です。自信をもって、体感してください。

体重70キロの人が体重計に乗ったら、何度乗っても目盛りは70キロを差すことでしょう。そっと乗っても、ドテッと乗っても、体重は一緒です。人間の重さが一瞬にして変わるはずはない、と思うでしょう? ところが、重みは自在にコントロールできるのです。

これも実感してもらうのが早いでしょう。

まずは、気楽に両足で立ちます。パートナーに後ろから腰に両腕を回して抱え上げてもらいます。同じ体型なら、スッと持ち上げられるでしょう（イラスト⑧参照）。

次に、両足のかかとにしっかりと体重を乗せ、足裏全体で立ちます。そしてさっきと同様に後ろから抱え上げてもらいます。今度は、相手が「えっ」と、驚きの声を上げるかもしれません（イラスト⑨参照）。

これは、持ち上げるほうが違いをより実感できます。役目を交代して、次は持ち上げる側になってみてください。最初は普通に持ち上がったのに、かかとに体重を乗せただけで身体に根が生えたように重くなる。一瞬のうちに、その人の重みが明らかに変わるのです。

ここにも、身体の神秘、身体の面白さ、そして身体の動きを身につけて広がる武道の無限の可能性を感じることができるでしょう。

体重は変わらないはずなのに、相手が感じる重さは劇的に変化します。

いま体験してもらっているのは、武道が伝える技や真理の、ほんの入り口にすぎません。それでも、鮮やかな変化が起こります。稽古をどんどん積み重ね、深めていくことで身体の感覚を磨き、現在の日本人からはすっかり遠くなっている武道的な境地に少しずつ近づくことができます。

⑧ 後ろから抱え上げるのは、
普通なら簡単。

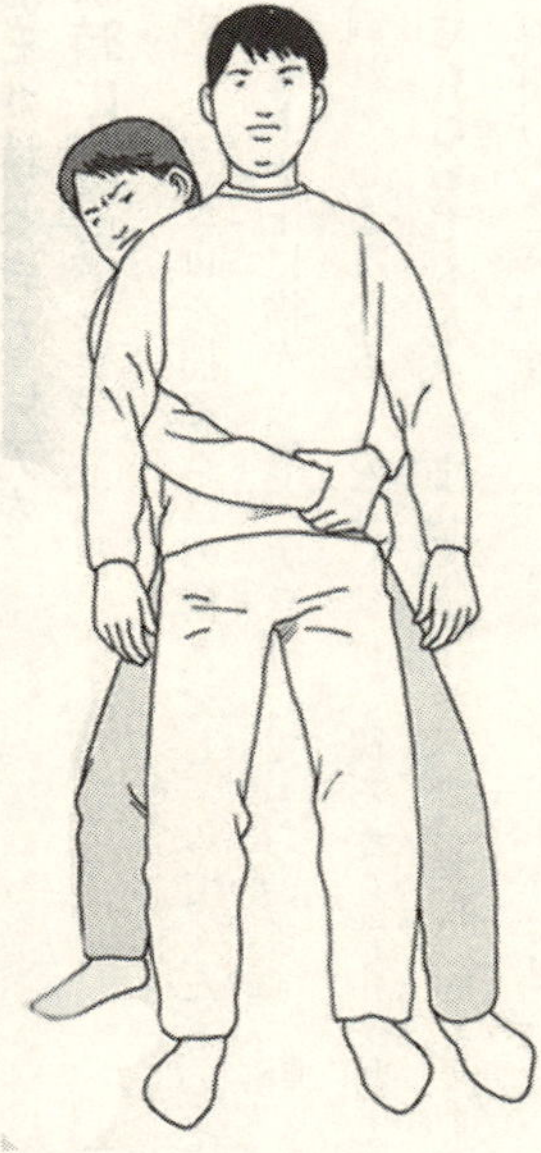

⑨ 身体の重みが変わり、
足に根が生えた感じに。

誰もが揺るぎない力を瞬時に獲得できる

野球の内野手が、ゴロを捕るときの構えをしてみてください（イラスト⑩参照）。

そして、パートナーに横から肩の脇を押してもらいます。軽く押されただけでふらつき、横に倒れてしまう人もいるでしょう。後ろから背中を押したり、前から両肩を後ろに押してもらってもかまいません（イラスト⑪参照）。いずれにせよ、不安定なのが実感できればけっこうです。

一度立ち上がったあと、次は、両手の平を上に向けてから沈み込み、同じ構えをしてください（イラスト⑫参照）。そしてまた、横や前後から押してもらいます（イラスト⑬参照）。

どうでしょう。

たったこれだけの動作で、自分の中に揺るぎない強さが生まれたこと、強いのに柔軟性がある、明らかに変化が起こったことを実感できたでしょう。

似たような構えで、もうひとつやりましょう。

⑩ 何も意識せず、よいと思う姿勢で構える。

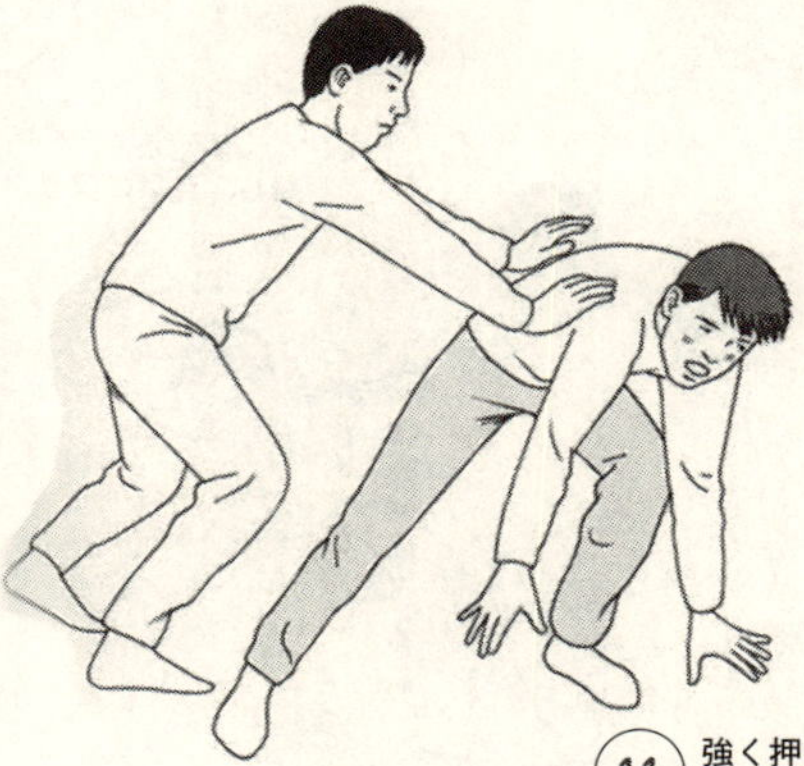

⑪ 強く押さなくても、大半の人がぐらつく。

12 両手の平を顔に向けた
姿勢で構えに入る。

13 両ひじは体側から
少し離し、自然に保つ。

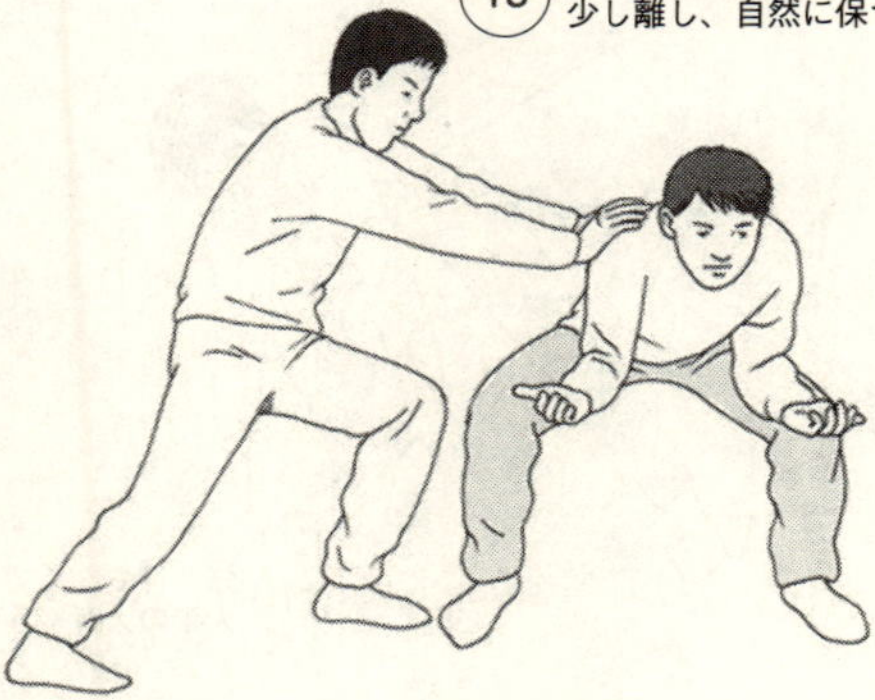

馬乗りの体勢をとってください。パートナーに両手で背中にジワリと体重をかけてもらいます。これをはねのけ、上体を上に伸ばしてみましょう。押さえるほうは負けない程度に力を出します（イラスト⑭参照）。

普通のやり方では、パートナーはそれほど力を出さなくても、馬乗りの姿勢のまま、押さえつけることができます（急に瞬発的な力を強く加えると腰を痛めますから、押さえる人は気をつけてください）。

次に、さっきと同じように、両手の平を上に向けてから馬乗りの体勢をとります（イラスト⑮参照）。そして、同じ強さで押さえてもらい、また上体を上に伸ばします（イラスト⑯参照）。

違いを実感できましたか？

おそらく、楽々と抵抗をはねのけ、涼しい顔で上体を伸ばせたのではないでしょうか。パートナーは驚いた顔で、ちょっとはね飛ばされるような感じになった人もいたでしょう。これもまた、次元の違う力が出た証拠です。

ここまでご紹介した動作は、講習会で何度も実際にやってみたものばかりです。武

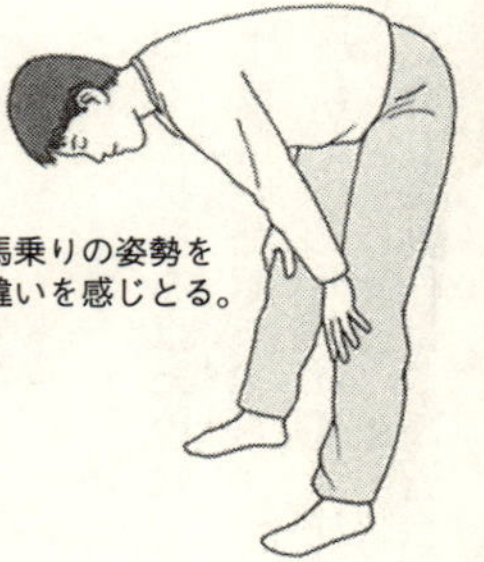

⑭ 漫然と馬乗りの姿勢をとって違いを感じとる。

⑮ 目をまっすぐ前に向け、手は軽く前に出す。

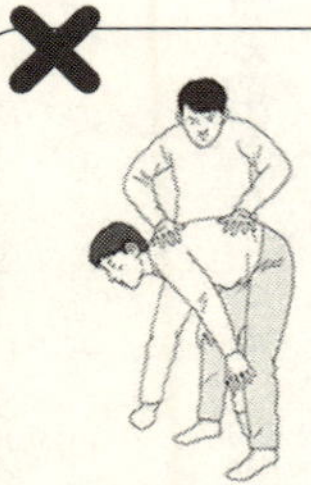

頭を上げずに、背中も丸めない。

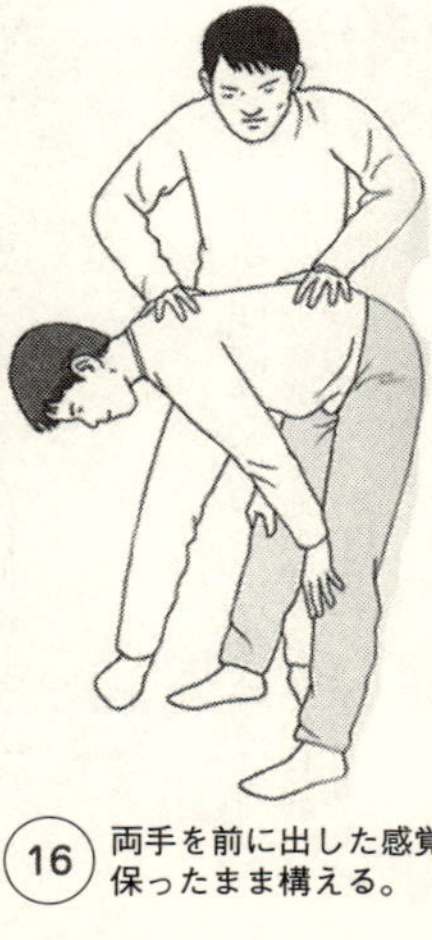

⑯ 両手を前に出した感覚を保ったまま構える。

道やスポーツの経験を問わず、よほどやり方を間違えない限りほとんどすべての参加者が、いま書いたとおりの変化を得られます。

なぜこれほど簡単な動作で、こんなにも身体が変わるのか。その秘密は、すべての動作が、空手の原点である「型」に裏打ちされた真理だからです。

不思議だと感じたら、何度でも試してください。何度やっても、無造作な姿勢で構えたら押さえた力に負けるでしょう。無理に筋力を振り絞って背伸びをすれば、パートナーを振り切ることはできても、息が詰まり身体の一部に力が入っているはずです。

一方、両手の平を上に向けて構えたときは、何ともいえない静けさのような一体感が身体じゅうに流れ、どこに力を入れるでもないのに、自然に起き上がれる。何度かこれを繰り返しているうちに、手の平を上に向けなくても、同じ状態に入ることができるようになります。

本質的な力とは、このような力をいいます。筋力とは、質も次元も違います。

たったこれだけの真実、これだけの基本を見逃し、忘れてしまって物事を複雑にしているのがいまの日本です。基本中の基本から目を背け、欧米から輸入した習慣や考え方を正しいと思い込んで真似をしている。それによって日本人や日本社会が何を失ったのか、少しは見えてくると思います。

現代のスポーツ的な発想からいえば、もし背中を押さえられて上体を伸ばせなかったら、「筋力が足りない」という論理になります。それで「ウェイト・トレーニングをやって、筋力アップを図る」のが処方箋になるでしょう。

コーチに筋力強化を指示されたとき、「それは間違っています」と自信をもって反論できる選手がどれほどいるでしょうか?

この本をここまで読んでくださり、体験した読者なら、筋力アップが本質的な力強さと無関係な事実を感じ始めたことでしょう。

押さえられて上体を伸ばせないのは脚力や背筋力が足りないのでなく、姿勢と呼吸が理にかなっていない身体の使い方に問題があることが根源です。

ウェイト・トレーニングなどしなくても、できなかった人が一瞬のうちにできるようになる。この事実を、しっかり受け止めてください。

姿勢や身体の使い方を直せば根本的に改善されるものを、わざわざ本質とは違う筋力に頼ろうとする現状がスポーツを低い次元に導いてしまっているのですべての参加者がたいへん知らない方をすれば、そこが武道とスポーツの決定的な違いであり、スポーツは世界的いの次元で行われている競技ということもできます。

私は、これだけ大勢の人々が熱心に取り組み、世の中に大きな影響力を持つスポーツが、武道的な高い次元を学び、高い次元で親しまれることで、日本再生の一助になれるのではないかとの期待を捨て切れません。それであらゆる分野の多くのスポーツ選手たちの指導も引き受けているのです。

正しい体の使い方をすれば見えないものが見えてくる

実践した四つの動作には、武道を原点とする大切な基本が秘められています。主なものは、「姿勢の大切さ」「呼吸の大切さ」「型の大切さ」、そして「見えない力の大切さ」などです。

見えない力というのは、〈内面からにじみ出る力〉と言い換えることもできます。

これは、自分自身ができると、はっきり見えてきます。

先ほどやった四つの動作も、できている動作とできていない動作を見比べると、押して確かめるまでもなく、その人の内面の状態が自然に見えてきます。内面の状態は、外にも表れます。肩かどこかに力が入っている、息が止まっている、目が死んでいる等々、外面に表れる違いも、よりはっきり見えるようになります。

最近のスポーツ界では、目に見えるものに焦点を当て、表面的、部分的なトレーニングに走る傾向があります。柔らかさを求めるときはリラックスやストレッチが効果的だと考え、力やパワーをつけたいといえば筋力トレーニングに頼りがちです。けれど本質は別なところにあります。

面白いことに、自転車に乗れる人と乗れない人では、乗っていないときの動作からして違います。乗れない人は、ただ自転車を押して歩く姿もぎこちない。

それはたとえばスキーでも同じです。スキーで滑れる人と滑れない人では、スキーを担いでいる姿も違います。滑れる人は、スキーを担いでいるときも気が通っています。呼吸が自然ですから、姿勢も力みがなく、スッとしているのです。滑れない人はスキーを担いで歩いている時点で呼吸が詰まっている。その違いは第三者の目にも明らかです。

野球を見ていて、「この打者は打ちそうだ」と感じることがあると思います。まるで予知能力でもあるかのように次の瞬間が予測できる。それは修行を重ねれば自然に起こりうる感覚です。「見えないものが見える」というより、感性の鈍い人には見えないものが、はっきり見えるようになるのです。

外見的な兆候が見えるのはそのひとつの段階ですが、それを部分的に検証するのでなく、全体が醸し出す雰囲気でパッとわかるのがさらに高い次元です。

骨董品の目利きと呼ばれる人がいます。

よくできた贋作《がんさく》は、素人には判別ができません。色や形は本物そっくりで、しかも刻印や銘が入っていれば、本物と信じ込んでしまいます。ところが、本物を知り、本物の深みや味わいを肌で感じている目利きには偽物は通用しません。その違いを言葉で説明するのは大変ですが、目利きには違いがはっきりと見える（感じられる）のでしょう。そのような感性は、多かれ少なかれ、日本人なら誰もが持っていたものです。

「統一体」とは心技体が一致した状態

きちんと姿勢を整えてする「正座のお辞儀」が、なぜ全身に力を与えるのでしょうか。答えをひと言で表せば「心と技と身体がひとつになった」からです。

心技体が自然にひとつになった状態を私は「統一体」と呼んでいます。統一体になると、人は高い次元で本質的な能力を発揮します。ここに武道を基本とする日本人の、強さの原点があります。

ひとたび統一体になったときの身体の感覚を体感すると、力強さの概念が変わるでしょう。

最近は、「力が強い」とは、腕力が強いとか身体の大きい人が相手を投げ飛ばすとか、いかにも筋力的なイメージとつながっています。けれど、統一体が生み出す力はもっと全体的で静かな印象です。

その根源にあるのは「呼吸と姿勢」です。呼吸と姿勢が身体の動きや力の本質と直接つながっていることが、正座のお辞儀で実感してもらえたと思います。

人が持てる力を最も自然に発揮できるのは、心技体が一致し、統一体になっているときです。ところが、最近の日本人を見ていると、統一体で行動していない人がほとんどです。心技体がバラバラの状態では、的確な判断をし、瞬時に正しい行動をするのは不可能です。

けれど、政治家も学校の先生も、親もビジネスマンも、多くの日本人がいまは頭でものを考え、心技体がバラバラのまま重要事項を判断し、本質と違う次元で行動しています。

スポーツ選手も同様です。最近は鏡を見ながらスウィングの練習をする選手が大半のようですが、鏡を見たら、形にこだわって本当の力が出ません。身体の動きを外面的な形で見るのではなく、感覚でつくっていくことが基本です。鏡を見ながらバットを振る違和感を身体で感じるのが、本来プロフェッショナルが持つ当然の感覚です。

ところが、それに気づかないくらい感性が鈍くなっている。頭脳による命令に違和感を覚えない習慣が、当たり前になっているのです。

日本人の生活習慣には文化と呼べるものがあった

正座やお辞儀に見られるように、日本人の生活には、日常から心技体の一致を育む大切な習慣が随所に込められていました。その習慣をなくしたことが、いまの日本社会の無秩序を生んだ大きな一因といっていいかもしれません。

何百年の歴史を重ね、これまで長い間ずっと大切にしてきた習慣を一変させた近代化。盲目的な欧米化によって失った日本のよさがあること、その影響の深刻さに、ほとんどの日本人がまだ気づいていません。

明治以降、西洋文化の影響を受けて、生活の中にあった日本の習慣がどんどん失われました。少し前の日本人なら、正座のお辞儀は子どもの頃から当然のように躾けられ、なじんでいた挨拶です。最近は、自宅に和室のない人も多いでしょうから、正座のお辞儀もほとんどした経験のない日本人が増えています。

生活環境の変化は、日本人の心身を貧しくしました。

かつて日本人は、四季を肌で感じて生きてきました。他の国にはない四季折々の気候や風景が、繊細な日本文化、日本人の奥深さを育てたといわれます。

ところが冷暖房の普及で、冬も暖かく夏は涼しい。温室栽培の野菜や果物が当たり前になってしまい、旬の食べ物もわからなくなりました。おまけに、夜型の生活者が多くなっています。

四季もなく昼夜もない。身体が繊細な感性をなくして鈍感になるのは仕方ありません。

躾(しつけ)、という字は、「身」に「美しい」と書きます。元来は普段の生活習慣や躾の中に、日本の伝統文化が込められていたのです。それを多くの日本人が知らない。それは伝統文化の喪失そのものです。

礼に始まって礼に終わる。

これは武道はもとより、華道、茶道、書道をはじめ、日本文化、武芸一般に通じる基本です。スポーツの世界でもその伝統は受け継がれていますが、多分に形式的なもの、精神的な儀礼と解釈されている気がします。

礼儀は決して形式や精神論ではありません。心技体をひとつにする、重要な基本そのものです。

箸の持ち方ひとつも生活に定着した「型」

テーブルに向かって座り、左手の平を上に向けてテーブルの上に載せてください。パートナーにその手の上に左手を載せてもらいます（イラスト⑰参照）。

右手は下ろしたまま、左手を持ち上げようとしてください。このときパートナーには、軽く力を入れて押さえてもらいます。それほど強く力を加えてもらう必要はありません（イラスト⑱参照）。軽く押さえられただけで、左手は上がらないと思います。もし上がっても、腕相撲のように力と力の勝負になっているでしょう。

次に、右手で箸を持ち、何かを食べる（つかむ）仕種をしてください。そして、同じ要領で左手を上げます。

どうでしょう。さっきとは違う感覚で、軽く左手が上がりませんか？（イラスト⑲参照）。

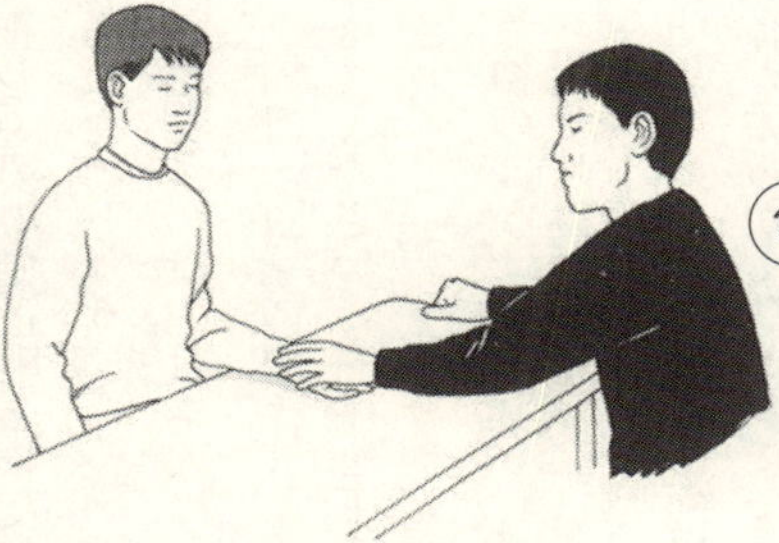

⑰ 押さえるほうは、すべて同じ力で押さえる。

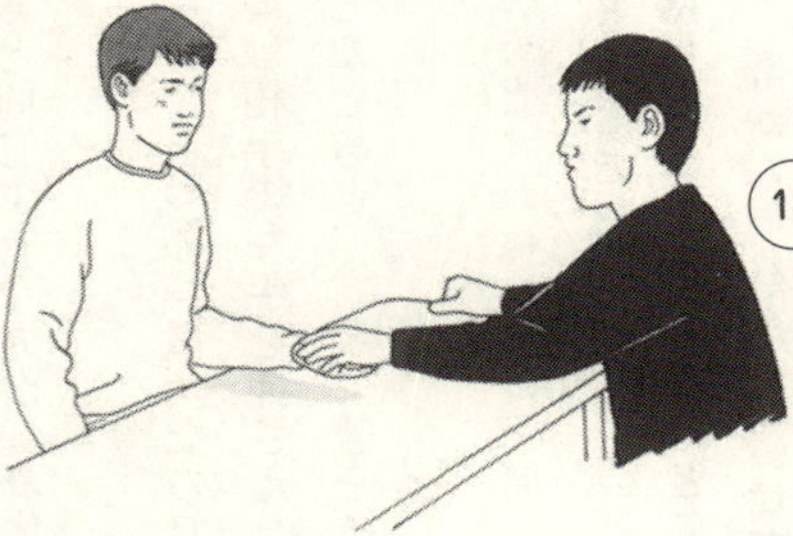

⑱ ただ左手を持ち上げようとしても、上がらない。

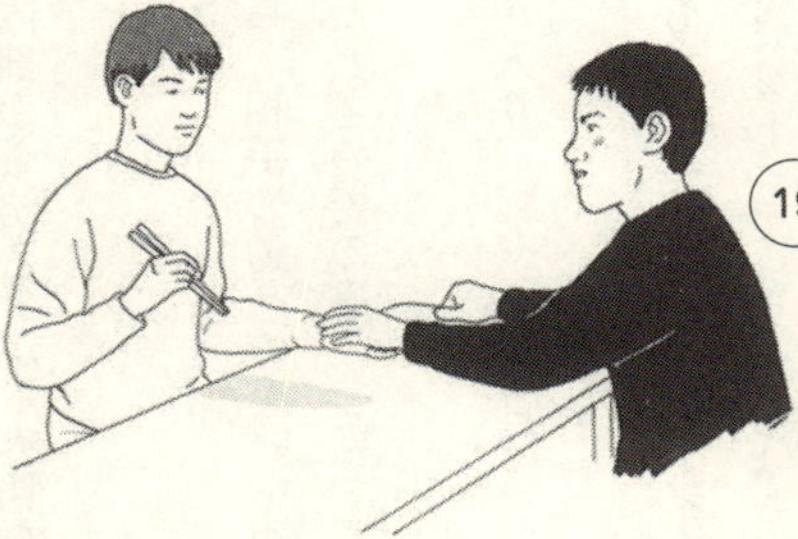

⑲ 箸を持ち、つかむ仕種をするだけで身体が変化。

正しい姿勢で正座をしたときと同じような力が、身体の内部から湧き上がる感覚を得られたでしょう。

箸を持つのは、日本人にとってひとつの「型」なのです。

パートナーと交代して、今度は相手の左手を押さえながら、相手の動きの違いを観察してください。右手を下ろしたときと、右手で箸を持ったときの姿の違いを見てください。

最初のほうは、左手を上げようとすればするほど肩に力が入り、腕や肩が居付いた状態になっています。自ずと呼吸も詰まります。

ところが箸を持つと、両肩は自然に落ち、身体のどこにも力は入っていない。身体全体が柔らかくひとつになって、静かだけれど力強い雰囲気に変わっているでしょう。目の輝きもきっと違うはずです。

そういった違いを自分自身で体感し、相手を見てまた感じることも大切です。

次に、最近の子どもに多く見られるような、間違った箸の持ち方でもう一度、同じことをやってみてください。

箸を持っているのに、相手と力が衝突して身体が硬くなった人が多いでしょう。これは、間違った握り方のために呼吸が詰まり、箸を握る手や腕の部分的な動きになってしまったからです。

ただ箸を握れば本質的な力が出るわけではありません。正しい握り方が、身体全体をひとつにするのです。外側でなく内側からの変化ですから当然、消化器官の働きもよくなり、食べたものが効率よく消化され吸収されるに違いありません。

最近は偏食の子どもが多いといわれます。それは、この箸の持ち方と無関係ではありません。

いくらスローガンで「偏食をやめなさい」と言っても、効果は上がりません。それよりも箸の持ち方を正しくすることです。それだけで偏食が直る例を、私はたくさん見ています。

長年の歴史を重ねて「正しい」とされてきた箸の持ち方にも、いかに深い意味があるか感じてもらえたでしょうか？

私たち日本人は、日常の生活習慣の中にもこうした「身体をつくる」深い意義と秘訣を積み重ねていたのです。それを知らずに見逃して、江戸時代末期以降、平気でこれを壊してきました。特に第二次世界大戦後、その傾向は加速しました。

西欧の近代文明を採り入れることは時代の流れであり、国際化、近代化には必要だったでしょう。しかし、何を採り入れ、何を失わずに守るべきかの吟味や理解はほとんどされてきませんでした。

判断する前提となる基本的な価値基準を日本人が持っていなかった。それが、近代の流れの中で、日本をただいたずらな西欧化に走らせ、大切な生活文化まで失う羽目になった一因です。そうした日本の「型」は、あまりにも自然に生活習慣に溶け込んでいたため、生活習慣の中にあるものが自分たちの身体や心の形成と深く結びついている事実を認識できなかったのでしょう。

実際には多くの人が感覚的にわかっていたはずです。だからこそ、まだ食文化や生活様式にいくらかでも日本らしさが残っているのだと思いますが、「頭でものを考える」「理屈が世の中を動かす」時代への流れの中では確固とした反論もできず、日本の「型」は西欧文化に駆逐されてきました。

この深刻な事実、逆にいえばいかに日本文化が素晴らしい深みを持っているかの誇りを、いまは大半の日本人が知りません。

日本の家々から和室が姿を消しつつあり、洋式な生活、洋風な食事に何ら疑問も抱かない。それで日本人らしい人生を送れるわけがない、といえば古くさい精神論に聞こえるから誰も声を大にして叫びませんが、決して精神論ではありません。

日本のよき伝統を生活習慣の中で受け継いでいくことは、日本人ひとりひとりの身体と心の健康を育み、守る原点でもあるのです。

身についた型は無限に深められる

自転車に一度乗れるようになると、少しくらい体勢を崩しても転ぶことはありません。上体を横に倒しても、前に倒しても、無意識にバランスをとって楽々と乗れます。片手離し、両手離しといった芸当も段階を追ってできるようになります。これは武道でいえば「型が深まった」、「型が身についてきた」ことを意味します。

これまでに試してもらったいくつかの動作にしても、一度できるようになるといろいろな進展が起こってきます。

たとえば正座のお辞儀は、最初はぎこちなかったのが日々繰り返すことで徐々に自然な振る舞いに変わっていくでしょう。

馬乗りの姿勢で両手の平を上にしましたが、一度身体がその感覚を覚えて内側の感覚を変えずにできるようになると、手の平を下に向けても揺るぎない力を発揮することができます。

野球を長年やっている人は、バットを持っただけでわかります。野球をほとんどやった経験のない人がバットを持つのを見ると「やってないな」と感じます。よく打てる人がバットを持ったときの握り方や雰囲気は違います。身についているからです。型を重ねていくと、それが見えてきます。

ただ、間違ったやり方ではいくら繰り返してもそういう進展はありません。正しい規準がないと深さはなかなか見えません。正しい規準を手がかりに正座を続けていれば、自分の中で深さが見えてきます。どんどん仕種が柔らかく自然体になってくるでしょう。

正座を毎日「稽古しよう」と思うとちょっと大変ですが、日常生活に入れてしまえばいいのです。ご飯を食べるとき、日記を書くとき、最初は場面を決めて習慣にしましょう。大人が率先垂範し、子どもたちが真似をするようになれば、次代を担う子どもたちの躾も同時にすることができます。

無心になったとき生まれる最大の力

この章の終わりに、正座のお辞儀が生み出す力を、もうひとつ別のやり方で体感してもらいましょう。

今度は、パートナーに自分の1メートル前あたりに立ってもらいます（イラスト⑳参照）。

パートナーは、押されても後ずさりしないよう、しっかり立ちます。

あなたは、さっき学んだ正しい姿勢で正座のお辞儀をします（イラスト㉑参照）。礼をしたあと、背筋を伸ばして上体を起こし、気持ちを切らずに保ったまま、滑らかな動作で静かに立ち上がります（イラスト㉒参照）。ゆっくり前に歩き、パートナーに近づいたらそのまま手を出してパートナーの胸に当て、前に進みます（イラスト㉓参照）。パートナーは力を抜かれたかのように後ずさったでしょうか。それとも、グッとこらえて、あなたがはね返されたでしょうか。

これはすぐにできない人もいるかもしれません。もしできなければ、何度か繰り返し、お互いに交代しながらやってください。

無心でできたら、相手はあなたに抵抗することができず、強く押したつもりはないのに後ずさります。統一体になると、腕の力ではなく、身体全体の力がすべて伝わるので、自分が思っているより強い力が相手に伝わるのです。

それ以上に、相手がこちらに圧倒されて、押す前にもうこらえる気持ちが奪われている。あれ？　というほど簡単に相手がひるみます。

この動きができると、これまで体験したことのない不思議な感覚を身体が感じることでしょう。

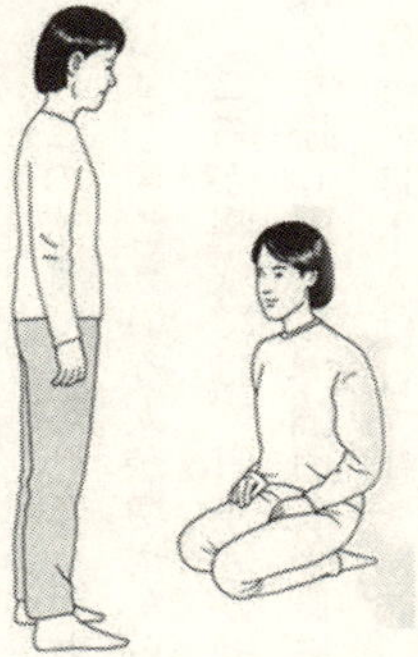

20 相手に感謝する気持ちを込めて、お辞儀する。

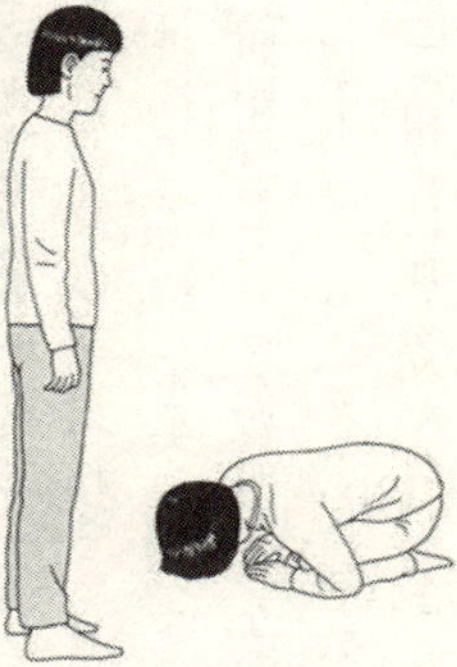

21 正しいお辞儀の感覚を保ったまま頭を上げる。

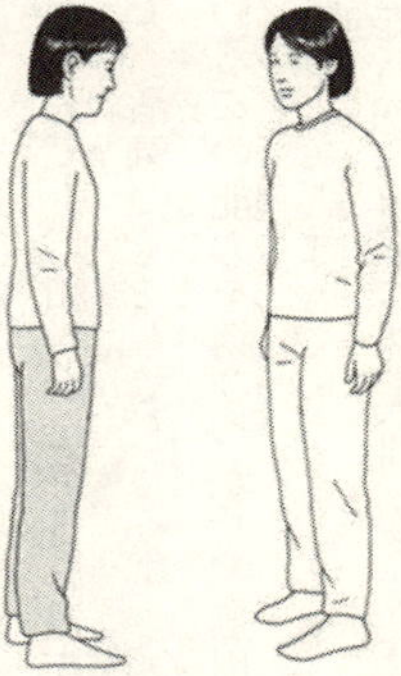

22 立ち上がっても身体の感覚を切らずに保つ。

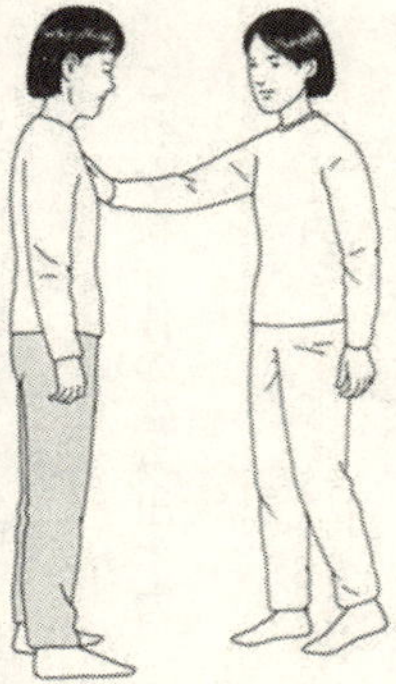

23 押そうとしない。軽く手を出し、当てるだけ。

スッと無意識にできたときは、強く押したつもりはないのに、相手がいとも簡単に後ろに倒れていく。それどころか、手が触れる前にもう後ろに倒れる、あるいは完全に抵抗する気持ちを失っているのがわかります。これが統一体の生み出す力。本来、人間が持っている本質的な力なのです。

相手のほうも、「え？　何で抵抗する気が失せちゃったの？」「虚をつかれたみたいだ」、相手に押されたというより、自分が油断したか、つい気を抜いてしまったからだと思う拍子抜けした感じかもしれません。

技がまだ曖昧《あいまい》だと半信半疑の状態でしょうが、これが、本質的な力の一段進んだレベルです。

常にこの感覚で暮らしていければ、仕事場でも家庭でも、和やかに毎日を過ごせるでしょう。こういう人が増えたら、社会も平和で、活気づくことでしょう。

ところが現代では、日本人がせっかく持っているこの能力を錆びつかせ、無用な力ばかり振りかざして強引な勝負に持ち込む方向に進んでしまっています。

最近の日本人は目の輝きが弱い、キラキラしていない眼差しの人間が多くなった、

といわれます。昔はごく自然に、統一体で暮らす人々が多かった。それがどんどん少なくなって、日本人の目の輝きも失われてきたのです。

試しに、正座のお辞儀をしたあと立ち上がって進んでくる相手の目を見てみてください。背中を丸めてお辞儀をしたり、いい加減に立ち上がったときの眼差しをまず覚えておいてください。

次に、きちんとお辞儀をして同じことをしてもらいます。そのまま気持ちを保って立ち上がった人の眼は、さっきより生き生きと輝いて、しかも眼光が鋭く前に向かって光を放っている感じに変わっていないでしょうか。

統一体は、目の輝きも一変させるのです。

残念ながら、この動作はすぐにできない人が多いと思います。最初にやってもらった四つの動作より、少し複合的な要素が絡んでいるからです。

先ほどの動作は、脳の意識が入り込む隙をほとんどなくしていました。ところがこの動作は、歩き始めたときに意識が邪魔をする可能性があります。

相手に向かって歩きながら、あるいは相手に腕を当てる寸前、「押そう」と考えたら、

統一体が崩れて息が詰まり、腕の力に頼る動きになるので相手と衝突してしまいます。「押さない」ことが大切なのです。相手に向かって歩き、相手に手を差し出しながらも、押さない。これがすぐできなくても悲観する必要はありません。

このような身体動作は一朝一夕で極められるものでもありません。深さを知り、真髄を追い求めていくことによって、言葉ではなく身体でそれを認識することができるようになります。

三

仕事にも生きた武道の心得

武術の修行で身につけた「原点を見る癖」が生きる

大学を卒業し、地元・宮崎の工場の製造ラインを担当しました。6ヵ月後、本社の開発設計に移籍し、機構部品設計を担当することになりました。

それから1年後に、家庭用の冷房機（クーラー）に内蔵される継電器の開発を任されました。

継電器というのは、業界では「リレー」と呼ばれるもので、電源を切ったり入れたりするスイッチの役割を果たす部品です。

当時のクーラーは電源に三相交流の200ボルトが使用され（一般には単相交流の100ボルト）、リレーは小さな弁当箱くらいの大きさでした。

切り替えのたびに大きな音がするのは当たり前。20年以上前のクーラーを知っている方は、設定された温度の自動調整のためスイッチが切り替わるたびに「ガッシャン」と音がし、本体も少し揺れるような感じがしたのを覚えているでしょう。

それを改良する仕事が私に任されたのです。

大手メーカーの日立電機から「この点を改良したい」と会社の営業担当に話があったのが発端です。

まったく新しい技術が必要とされ、困難を極めることは予測されましたが、すぐ、「設計したい」という思いがパッと浮かび、トライすることにしました。それからは週に2回くらい徹夜する生活が始まりました。

私にとっても、まだ入社2年目で不安はありましたが、やる気のほうが先行していました。

この開発は全部私ひとりでやることになりました。

どうやって取り組むかは、自分自身にとって大きな課題でしたが、この開発を通して、設計、製図、金型発注、試作、製造仕様書、設計検証実験、製品寿命保証など、いくつかの作業を同時並行して進める、いわば「パラでいく」習性を知らずしらず身につけていきました。

やってみようという気持ちが先行した裏には、自分なりの勉強をしてきた自負があったからです。本社の開発設計所属になったとき、工場での製造の苦労も含めて、

本質的な設計の必要性を感じていたこともあって、日常の仕事と並行して、「リレーは、そもそも誰がどういう考えで発想したのか」というリレーの原点に着目し、リレーの始まりを勉強することに取り組んでいました。調べてみると、ドイツのR・ホルムという人が1860年代に開発したものとわかりました。

「その人が何のために、どういう目的で開発したかを知りたい！」

開発者の思いがわかれば、リレーの原点が見え、技術の背景が見えてきます。そして、その基本がわかれば当時の技術や材料ではできなかったけれど、素材や技術が進歩している現在ならよりレベルの高いものが自ずと見えてくると考えたのです。

このような「原点を見る癖」は、私がもともと持っていた性格であると同時に、武術の修行を通じて身についた基本的な姿勢だと思います。

日本でR・ホルムの本を探しましたが見つかりませんでした。1957年にドイツで出された本とわかって、絶版になっていましたが、私はドイツの出版社に熱烈な手紙を書きました。

出版社の厚意もあって原書を手に入れることができました。給料が5万円の時代に、

たしか1万８０００円だったと記憶しています。それを辞書と首っ引きで勉強したのです。

一方、最新の研究を学ぶために、当時日本で「リレー研究の第一人者」といわれていた、東北大学名誉教授で当時名古屋の名城大学に教授として勤務されていた真野國夫先生の研究室に、これも先生のご厚意もあって通い、勉強させてもらいました。

それと並行して自分なりのリレーに関する開発設計手引書を作り上げていきました。

ひと口にリレーといっても、それを構成する要素は何百とあります。商品化するとなれば根本技術だけでなく、製品化に必要なあらゆる素材や細部までの仕組みを学ぶ必要がありました。

リレーを構成している接点の勉強、バネの勉強、磁石の勉強、成形の勉強と、すべてを丹念に把握していきました。それらを結集して初めてひとつの商品ができあがります。項目を挙げたら６００項目くらいになりました。

これらを私はパラレルに同時進行させ、すべての項目で素材に関しては、新製品の

情報を常に入れるようにして、そのときに使える最善の素材、最善の方式を吟味しました。

課題が重なっても身体脳なら瞬時に片づけられる

600項目を並行して進めるのは大変なようですが、身体脳のスピードは桁外れに速いので、整理さえできていれば、これを並行して開発するのはさほど大変とは感じません。むしろ、瞬時にいくつもの発想がひらめいて、パパパッとつながっていく感覚です。

一般に、ひらめきや発想は奇抜なアイディアから出ると思われがちですが、しっかりした基本を持たなければ生まれてこないと私は感じます。

たとえば電磁石については磁気の法則を掘り下げる。より効率を出すには鉄芯となる材料としては純鉄が最高だけれど、コストと性能、品質の対価を考慮して、効率は落ちるものの、トータルバランスから考えて炭素鋼を使うなど。そういう基本からの

応用が、いくつもはっきりと見えてくる。

基本を徹底して学んで積み重ねると、自ずと応用が出てきます。アイディアは、基本の積み重ねの中から次々と出てくるのです。

同時に、いろいろと課題も見えてきます。でも、基本を徹底して重ねていますから、対処方法もはっきりわかります。

基礎実験も精力的に行いました。金属を加工する材料力学も徹底して掘り下げました。知識や勉強のためではなく、あくまでも商品に結びつけるための掘り下げです。金属疲労がどう、伝導率がどうと、細かな課題がたくさん見えてきました。さらにまたそこを掘り下げていきます。事故や不良品につながらないよう、安全対策、耐久試験も法定の基準以上に厳しく行い、加速させることで、その商品の弱いところをあらかじめ調べておくことによって、製品をより効率的に設計することに役立てたりしました。

当たり前のことですが、基準をクリアできない素材は単にワンランク上のものを採用すればいいのですが、コストがその分アップします。商品の市場での競争力を考え、それに代わる低コストの素材を探したり、別の方式を採用することにも努めました。

開発に取り組んでから6ヵ月後、私は弁当箱くらいだった継電器を三分の一くらいの大きさに小型化することに成功しました。交流プランジャー式だった継電器を直流ヒンジ式に変えることで静音化も実現。目標の世界一静かなクーラーの開発に貢献できたのです。

クーラーが自動的に温度調整するとき、ガッシャンと音を立てることはもうなくなりました。

ユーザーとの打ち合せ、設計、技術試作、工場試作、製造保証テストなど、ひとりで全部やったことで全体の流れが見え、私にとっては、それ自体はさほど特別とは思いませんでしたが、その後のものの見方、考え方に大きな影響を及ぼした仕事でした。

設計の途中で発見したいろいろな気づきのテーマのひとつであり、学会で発表した、「接点開閉時の突入電流と溶着現象について」は、のちに神戸大学の朝井英清教授の目に留まり、神戸大学に通って、さらにその奥を研究させてもらいました。いろいろな出会いによって、ひとつの事柄を極める面白さを知ることができました。

技術や科学は「真理を追究するため」、ビジネスは「利益」を前提とする経済活動です。一見、矛盾する両者の中で、私は特に矛盾や葛藤を感じることなく生きていくことができました。

パラでいく、パラで考える、私が大切にしてきた姿勢です。いつもパラに考え、パラに行動すること。「パラにものを考える」というのは、いろいろなことを同時進行し、かつ、短期、中期、長期の三つのスパンで捉えるというものです。常に、こういう取り組みをしていると、焦りがなくなります。

天秤にかけるというと世間ではあまりいい印象がありませんが、私は天秤にかけることも大切な規範として生きてきました。問題は単純な比較でなく、天秤の片方に何を載せるかで、片方の価値が決まってくるという天秤です。

いろいろと掛け持ちで学ぶのはかまいません。私も最初は「スポーツ空手」と「武術空手」を掛け持ちで稽古していました。掛け持ちすることで、自分にとっての「本物」が見えてきます。私もはっきり納得し、覚悟ができた時点でスポーツ空手をやめました。

空手において、天秤の一方に武道としての空手を載せることによって、片方の天秤に載せるものが変わってきたのです。

商品の開発にも生かされた武道の教え

武道の基本は「型」の稽古です。日々、何よりもまず「型稽古」を繰り返します。開発においてその型にあたるのが「何か」、それを見つけます。その分野の原点としての型がわかれば、それを徹底して学び、積み重ねることです。そこから、自分独自の創造、応用ができるようになります。自分では仕事に武道を応用している意識はありませんでしたが、武道を通して身につけた身体脳が仕事の場でも機能していたのだと思います。

歴史に学ぶ姿勢も、武道から学んだひとつです。ひらめきやアイディアというと、知識の多さ、頭脳によってもたらされるイメージが強いかもしれませんが、私の場合、アイディアは常に歴史の中から学び、発掘する。その先に身体を通して見えてくるという感覚です。これも、600年の歴史を受け継ぐ武道から得た教えです。

最近の企業では分業化が進み、ひとりで開発全体に関わる機会が少なくなっています。この分野はこの人、この領域はこの人、と持ち場が決まっています。そのため、全体をはっきり認識し把握する人が少なくなっています。部分を統合しても、真の全体になりません。かえって、部分と部分の間に無駄が生じ、効率の悪さも生じます。

私は当初からひとりですべてをやることが多かったので、全体の重要性がよくわかっていました。設計性能、品質、コスト、製造などすべてが頭に入っています。したがって、設計変更した場合などでも、立ち上げまでの時間や、損害も瞬時に計算できるわけです。

さらに将来のコストダウン、品質の向上も、開発の段階でパラに考えていました。いつまでこの材料を使う、次のステップではもっと改良した部品をここに載せる、というビジョンも見えている。設計の心臓ともなるべき要素部品の開発も並行して進めていますから、次のステップでそれを組み込める。自然と常に次の商品展開ができあがっているわけです。

他社が真似をしてきても、そういう準備があるから、こちらは一歩も二歩も先を走れるわけです。

大企業との競争に武道の経験も生かして立ち向かう

33歳のとき、由村電器に移りました。

由村電器は当時、松下電器産業の共栄会社として仕事を請け負っていた、いわば下請け的な会社でした。大企業に依存する体制に限界を感じていた社長ら経営陣は、開発設計ができる会社に転換するため、自社で独自の技術や製品を開発するための技術者を採用し始めていました。私もそのひとりです。

私は、初出社したその日に技術の一責任者にされました。

その後、2年目に技術研究所所長、3年で取締役、4年で常務に抜擢されたのですが、最初に取り組んだ大きな仕事は、松下電器が業界初として発表した一体型ビデオ・カメラ「マックロードムービー」の電源部門の開発でした。

松下電器の内部では、ビデオ部門だけで300人からいる技術陣が開発をしています。それに対して外部の、しかもはるかに規模の小さな由村電器が松下電器製品の開発に携わっていくには、相当の覚悟がいること必至です。

結果的には、多くの電源メーカーがある中、共栄会社の由村電器が開発を任されることになりました。それは何より、他社にないアイディアがあるのと、実際にサンプルを出して提案したのが決め手でした。

私たちは、当時電源の主流だったドロッパー方式からまったく新分野のスイッチング方式に変換し、さらに回路をIC化するなど、当時どこもやっていないようなことに大胆に取り組み、携帯機器に絶対不可欠である大幅な小型化を実現しました。

いまでは当たり前になっていますが、当時としては初めて電源入力を世界対応のAC100〜240V（設計保証はAC85〜276V）にしました。ビデオムービーがハンディタイプになって世界中どこへ行っても使えるようにという要望に応えた設計にしたわけです。

設計上の心臓部ともなるFETという高耐圧のスイッチング素子がありました。三菱電機、日本電気、富士電機、サンケン電気、ドイツのシーメンスなど大手部品メーカーでも手掛けていない諸々の部品開発を提案し、共同研究開発によって、常に最先端の部品を開発し、それを搭載し、より小型で、高性能で、高品質を目指し、他社にない競争力のある商品としての位置を不動のものにしてきました。

全体の設計はもちろん、個々の要素部品も商品の本質を見つめ直して、理にかなった設計を実現させたのです。

松下電器がわれわれを選んでくれたひとつの理由は、リスク・マネージメントの徹底とスケジュール管理への信頼だったようです。私が作るスケジュール表は、あらゆる場合を想定し、量産からすべてを逆算し、それに必要な３００項目くらいの重要事項を独自のタイムスケジュールとして管理します。

オンリーワンとしての新規開発要素を積極的に取り入れる分、リスクも高いので、そのリスク軽減のため、二重、三重の計画をつくってパラに進めていました。もちろん、最大のリスクも頭に入れて、この部品で不良が出たら、作り直した場合は何日遅れる、別の部品に替えた場合は何日遅れが出る、ここで船便を空便にすれば遅れが取り戻せる……。そんなふうにすべての状況においてクリティカル・パス（作業を進めるうえで支障をきたす部分）を考慮しながら進めました。

大企業では組織スケールが大きいため、全体をすべてひとりで把握することが難しいところがあります。しかし全体が見えていないとロスが大きく、失敗につながりかねません。

それに、リスク・マネージメントをきちんと示したスケジュールは立てられません。なのに、さらに私は、仕事をする相手の人間性や信頼度も頭に入れてスケジュールを立てます。仕事には相手がいて、人は心で動くのです。それを抜きにして予定を決めても、現実的ではないからです。

これも武道の経験から生まれたものだと思います。

この開発をきっかけに、松下電器との付き合いは活発になりました。VHS、VHS－C、8ミリムービー、そしてDVD、などビデオのフォーマットすべての開発に携わらせていただきました。

多くの大手メーカー、NEC、富士電機、三菱電機、トーキン、シーメンス、アメリカ・サンノゼのPI社など、周囲の協力にも恵まれて、技術による貢献ができました。この裏には人とのよき出会いがあったからだと感謝しています。

武術もビジネスも強い競合相手は大歓迎

技術研究所の所長としてさらなる技術革新を求め、民生機器の分野から産業機器の分野に事業を拡大しようと試みたのが、京都の長岡京市にあるオムロンの中央研究所でした。すべてはそこが開発の拠点だったからです。

温度センサーの部門で世界のシェア60パーセントを誇っていたオムロンが、他社の技術革新におくれをとり、シェア40パーセントを切りそうになった時期があります。

挽回のカギを握る重要テーマのひとつに、電源の小型化がありました。ビデオ関係の民生機器で培った数々の開発実績プレゼンテーションの結果、私たちもその開発に参入させてもらうことができました。

もちろん私たちは後発で、すでにある大手メーカーが同じ開発に取り組んでいることを知りましたが、私は「チャンスだ」と感じました。他社との競合は喜ばしいこと、大歓迎です。相手の大手メーカー以上のことをわれわれがやれば、自分たちの技術力の高さを証明できます。むしろ「どうぞ」という気持ちでした。

結果、その大手メーカーはオムロンから提案された形状にすることができず、また日程が大幅に遅れるなどして、撤退せざるをえなくなりました。逆に私たちはオムロンに提示された製品仕様形状、性能、品質および日程を満足させることができました。

競合する大手メーカーが、万全の体制で「難しい」と証明してくれた。その難しい開発をわれわれが実現して、こちらの評価が高まったのです。その根源には、私たちが常にオンリーワンを目指して、最先端の技術に取り組んできたこと、そしてそれを形にしたオリジナリティのあるＩＣというハードをあわせもっていたことにあります。私たちが提供した開発によって、オムロンはその部門での業績が回復方向に転回しました。

3年先を読むICビジネスにパラレルで取り組む

しかし、その半面、IC開発には厳しい現実があります。少なくとも3年先を読む力が厳しく求められます。

ICの開発から商品化には、少なくとも1年から2年かかります。その間に何億円という研究費、開発費が先行投資されます。これを次の1~2年間で回収し利益を上げるためには、開発の立ち上げから向こう3年間、そのICが市場で価値を持ち続け、ユーザーに必要とされることが前提です。

ご存知のように、ICをはじめコンピューター関連商品の開発速度は目覚ましく、次々と高機能製品が開発され、驚くほど大幅なコストダウンも日常茶飯事になっています。今日発売された商品が半年後にはまったく古くて高くて利用価値がなくなる、といった事態も珍しくありません。

発売から半年や1年ではなかなか投資分を回収できませんから、3年先まで読んで、3年後でも有用な商品開発に取り組むことが必須条件というわけです。

先を読む力、と言葉にするのは簡単ですが、現実にそれを予測し実現するのは決してやさしくありません。私はこれも、パラで取り組むことで具体的に対応しました。胃に穴があくような経験を何回かしましたが、いまはそのことに感謝しています。

開発を通して、常に私の念頭にあったのが、部品のＩＣ化でした。理由は、何十個もある回路部品をＩＣという部品一個にすることで、小型化、コストダウン、信頼性アップなどのメリットがあるうえ、自社オリジナリティの部品ということで他社との差別化が図れるからです。

またＩＣは、より必要とされるデリケートな設計思想、すなわちソフトを組み入れることができます。

開発を進めながら、短期的、中期的、長期的、三つのタイムスケジュールで整理しておくと、もし途中で他社が画期的な新商品を開発したり、市場のニーズが変わる事態が起こっても、すべてが無駄になるのでなく、できる限りその時点で対応し、即、新たなビジョンに設定し直せます。

それでも、大きな失敗も経験しました。

修羅場をくぐれたのは武道によって肚が据わっていたから

まだ携帯電話がいまほど普及する前の話ですが、アメリカ・モトローラ、日本の京セラとイリジウム式携帯電話の開発に取り組んだことがあります。私は、電源開発の責任者でした。

イリジウム携帯電話は、大気圏より少し上空の比較的低いところに打ち上げた人工衛星を経由して地上の携帯電話につなげる方式です。もっと高い位置に上げれば衛星の数は少なくてすむのですが、遠い分だけ電話機に電力が必要で大きくなり、不便です。高度が低ければ衛星の数は余計に必要ですが、電力が少なくてすむので電話機の小型化が可能になります。

イリジウムは化学原子番号の周期律表77番目の金属の名からとられたのですが、実際打ち上げられ成功した衛星の数は66機です。1機にかかる費用は100億円、66機で6600億円になります。

当時、南極大陸単独徒歩横断を目指していた冒険家の大場満郎さんに、試作したこの携帯電話を実験的に使ってもらい、大晦日にＮＨＫテレビの「ゆく年くる年」で南極から生中継されました。

気象条件など不安定な要素もありましたから、かなりリスクがあったのですが、生放送は無事成功しました。

しかし、イリジウム携帯電話はコストが高すぎたこと、他の方式の開発が進んだこともあって実用化は断念せざるをえなくなりました。これは苦い思い出のひとつです。

アメリカ・シリコンバレーの半導体メーカーと共同で、ＩＣの開発に取り組んだこともあります。この頃は本当に忙しさの極みでした。忙しい人に「一日何時間、眠りましたか？」とよく聞きますが、あの頃の私は、「一週間に何時間眠れたのか？」というくらいの猛烈な毎日でした。

ＩＣの開発は、時代の先端を行くには必要不可欠ですが、その開発には命を削られるようなことが何度もありました。

いまではいい思い出であり、自分を強くしてくれたことに感謝しています。ＩＣの夢だけは何十回も見ました。

このように、修羅場といわれるような経験をビジネスの現場で幾度もしましたが、怯《ひる》むことはありませんでした。それは、武道によって心身が鍛えられ、肚《はら》を据えて取り組むことが身についていたからだと思います。

「まさか」に直面したとき動じない自分をつくるのが武道

人生には三つの坂がある、といいます。

ひとつは「登り坂」、そして「下り坂」、もうひとつは「まさか」です。

人生においては、しばしば「まさか」に直面します。そのとき慌てず、動じず、肚を据えて取り組むことができるか。それが人生を大きく左右します。その人の器といってもいいでしょう。

武道は、この「まさか」に直面して動じない、確固とした自分を磨きあげてくれるものがあります。

バブル経済が崩壊したあと、日本社会は深刻な打撃を受け、混迷を続けています。

これまで当たり前だと思っていた終身雇用や退職金の支給など、さまざまな常識が次々と崩れています。企業に勤め、役割さえこなしていれば定年まで安心だと思っていたその安心が根底から揺らいでしまったのです。それどころか、リストラの不安、会社の存亡の不安にさいなまれるビジネスマンが、かつてない割合を占めています。

終身雇用制は、長く日本の企業に浸透していた制度です。弊害もたしかにありますが、欧米式に企業の都合ですぐリストラする合理的なやり方が果たして本当の解決になるのかどうか、疑問です。

リストラは企業の利益を主眼にし、企業の苦境を救う手っ取り早い方法ですが、会社がなぜそのような苦境に追い込まれたのか。根本的な解決がそれでなされるわけではありません。

本来、会社の最大の財産のひとつは人材です。その人材を粗末にする企業に未来があるのかどうか、人を主体に考える企業こそ、日本社会が誇るべき伝統だったとも思います。いつリストラが断行されるかわからない会社と、終身雇用を前提とする会社では、会社に対する忠誠心や愛社精神が違ってくるのは当然です。

会社に対する社員の思い。これがもたらす計り知れない力が、企業に大きな活力と利益をもたらします。その可能性を忘れてはならないと私は考えます。

リストラが認知され、会社の吸収合併や倒産が相次いでいる時代です。多少の環境の変化やアクシデントで動じない自分を築き上げておかなければ、自分自身はもとより家族を支えていくことはできません。もう一度根本から生き方を見つめ直し、今日から先、どんな手がかりで生きるのか、真の自信を積み重ねていくべきときではないでしょうか?

その手がかりが、武道にあります。

日常に起きるすべてが修行という発想

私にとって、仕事と武道がどういう関係にあるのか、しばしば尋ねられます。私の根底にあるのは「すべてが修行だ」という発想です。

仕事も修行、日常のあらゆる出来事が修行、自分を培うためだと、そういう発想で生きています。負債100億円弱の会社の再建を任されたときも、思わぬ不良品の発生によって大損害を出したときも、だからこそ苦境を乗り越えることができたのです。ただの気合いや精神論では役に立たなかったでしょう。

武道の修行は、何事にも動じない肚をつくってくれます。

臍下丹田《せいかたんでん》とは昔からよくいわれる言葉ですが、人体に丹田という臓器はありません。それは実際には存在しません。けれど、丹田を「肚が据わる」の肚と理解するなら、武道によってそれは確かに鍛え上げることができます。

それはちょうど、心臓はあっても心（こころ）という臓器はない、実在しないけれど確かに人には心があるのと同じように確かな存在です。

巷《ちまた》にあふれる精神訓話やマニュアルでは、揺るぎない「人間力」は身体の中に培われません。頭で納得し感動し、その場限りの勇気は湧いた気がしても、その場限りで終わってしまう場合が多いでしょう。

勇気も覚悟も、一瞬にして育まれるものでなく、日々の積み重ね、それも質の高い努力の積み重ねによってしか築き上げることはできないからです。

空手の「型」は、それを確かに育むために生まれ、600年の歴史と伝統に裏打ちされた確かなメソッドです。私はその型の稽古を、武術空手を志して以来、毎日重ねています。その繰り返しで、確かに心身が変わっていくのを実感しました。30年を超えた今も型稽古の繰り返し、永遠の深さを感じ続ける毎日です。

すべてが修行という発想は、日常の些細なことにも通じます。

たとえば、待ち合わせた相手が約束の時間に遅れてくる。私は待ち合わせには必ず本か何かを持って行きます。本がなければ、頭で型をイメージしたりして過ごします。そうすると、あっという間に時間が経つのです。遅れてきた人はだいたい言い訳をします。そこで怒っても仕方がありません。2回目からはその人に対してそういう見方をすればよいのです。

師匠である座波先生には、

「約束のだいたい30分前に行きなさい。30分待っていると相手に失礼になるから、近くを2周くらいしなさい。そしたらちょうどいい時間になる」

と教えられました。それくらい「心の余裕を持ちなさい」ということです。時間はつくらなければ生まれない、それが武道的な考えです。

仕事でいかに楽をするか、力を抜くことばかり考えている人もいるようです。私は稽古だと思って仕事もするのです。

何でも修行だと考えると、すごく楽です。待たされるのも、時には裏切られることがあってもすべて心の修行だと。これが「身体で考える」ことに通じます。

頭で考えると損得勘定にしかなりません。「自分に利があれば動く」のが頭脳的な動き方です。身体脳は違います。自然体で感じたとおりに動くのです。

「サービス残業」は自分を磨くチャンスと心得る

文武両道という言葉があります。

最近ではそれは、「勉強や仕事もできて運動もできる」、ふたつの道が立派に両立できるという意味で使われています。本来、文武両道とはそういう意味ではなかったと思います。

文と武、仕事と武道、それはふたつの道でなく切り離せないもの。物事にはひとつの真理がある。その真理を身体が会得してしまうと、文であろうと武であろうと、等しくできてしまう。その真理の存在を示す言葉、実際そのとおりの境地に達した人を表すものと理解しています。

事実、その真理は武道の修行に秘められています。

私は仕事も修行だと思ってやりましたから、とにかく働きました。

大学を卒業して最初に入った三和電器製作所では、遅くまで仕事をやっていました。でも夕方5時の終業時間になったら、「退社」のタイムカードを押しました。夕方5時以降は、自分の勉強だと思ってやっていたのです。

普通の会社なら、そんなことをすれば周りから馬鹿にされたり迷惑がられるかもしれませんが、私はそのような考えで続けていたお陰でいろいろな自分なりの開発や研究ができました。誰かにやらされたのではなくて、自主的にやったから成果が出たのです。

由村電器に移ってからも、その習慣はずっと続きました。出社は朝6時半。夜は12

時ごろまで開発・設計に取り組みました。週に1～2回は会社に泊まることがありました。寝るときは会社につくった道場に行って、電話帳を枕にして寝ました。

それもすべて、自分がやりたくてやった仕事だからできたのだと思います。与えられた仕事をこなすだけではなく、次から次へと新しい提案して、自分の発想を形にする仕事だったから、完全に没頭できたと思っています。

高さと深さを求めたいなら、よい師を持つこと

いま日本が混迷しているのは物事を判断する規準がないこと、歴史に学ぶ姿勢が欠けているため、生き方の根本が見失われているからだと思います。

すべての人が自分の意見を勝手に主張する自由はありますが、何が真理か、明快な規準を持たないため、その論理には確たる説得力を感じません。師匠もなく、歴史への敬意もない感覚論ではそれもやむをえないでしょう。

しかし、そんな曖昧で裏づけのない論理に導かれて、日本は凛《りん》として再生への道を

歩み出すことができるでしょうか。

空手でも人生でも、上達したり成長するうえで最も大事なことのひとつは「自分の学ぶ姿勢」であり、もうひとつは「いい師にめぐり会えること」ではないでしょうか。いい師にめぐり会えるのは、運・不運だけでなく、その人の「心のあり方」にかかってきます。

私は大学を卒業して間もなく、座波仁吉先生の武術空手と本格的に出会い、その次元の高さに打たれました。それからの稽古は謙虚になり、自分自身に厳しさを求めるようになりました。

座波先生を師と仰いでからは、徹底して先生に学ぶ姿勢を貫きました。先生が空手の指導や審査会で各地に行かれるときは同行し、鞄を持たせていただき、お風呂では背中を流させてもらいました。ご自宅の道場に稽古に伺ったあとは、夜が明けるまでお酒を飲みながら空手の話を聞かせていただくこともありました。

先生の奥様にもかわいがっていただき、「最終電車は始発電車」と、始発の時間まで先生と飲み交わすのを温かく見守ってもらいました。

道場だけの稽古だけでなく、日常のちょっとした会話や先生の仕種に、技を会得する手がかりを感じることも少なくありません。

仕事が忙しくなり、稽古に臨む態度に隙があると、稽古をつけてもらえず、さっさと上がられたりもしました。

仕事で周囲から評価を受ける存在になっても、座波先生には心の内が見透かされていましたから、安易にうぬぼれたり、うわついた行動をとることは先生に会うたびに戒められました。

それが、一時的な成功や喝采にうわつかず、仕事でも武道でも常に深さと高さを求め続ける姿勢でいられた大きな要因です。

師を持つことは「文化を学ぶこと」でもあります。文化には歴史があります。長く伝わる文化は間違いのないものです。歴史を学べば、自分がいま何をすべきか教えてくれます。どう判断し、どう行動すべきか、答えはすでに過去の歴史がはっきりと示している場合が多々あります。

歴史を頭で勉強するのでなく、文化を通して身体で学ぶ。日本古来の伝統を、空手や剣道、合気道などの武道や、珠算（そろばん）、書道、茶道、華道、囲碁、将棋など日本の伝統に見られる文化で学ぶことは大切です。

中でも武道は理想的な文化だと思います。生か死かに直面した、真理があるからです。真理の追究は一番の土台になります。そこから骨組みができあがる。その土台と骨格から、全体がしっかりと見られるようになる。

会社経営においても仕事でも、世の中の仕組みが見えるから、焦りがなくなります。とにかく師を持つことです。年配の方を、すべて師と考える姿勢も大切です。これからの人には、年齢を重ねたとき、師になれるような年をとってもらいたいと思います。自己主張はあっても哲学を持たない人、利益さえ出せばいい能力主義や組織内でうまく振る舞えば出世できる環境につかってただ年をとるだけ、という人が増えたら、社会全体が堕落するのは目に見えています。

矛盾や不条理に負けない確固たる哲学を学ぶ

ただ「強くなりたい」「偉くなりたい」「儲けたい」という欲望からは、その人の「器の大きさ」は生まれません。絶対の世界でどれだけ行動したかが、人の器を大きくしていきます。

知識では器は大きくなりません。偉そうにする人は器が小さい。小さい人ほど器を大きく見せようとします。

企業に入ったら、歯車のひとつとして働かなければいけません。昔ならそれを疑問に感じて「おかしい」と口に出しても、許容してくれる器の大きな人がトップにいました。いまはそれだけの器を持った人が少なくなっています。

営業には目先のことが必要な場合もあります。しかし、開発には長期的な展望が必要です。普通に考えたら矛盾に思う場面でも、大きな視野でものを見、自分の工夫でやっていく姿勢が大切です。

目先のことと、中・長期のことをパラでやっていく。

会社の中で矛盾があっても、それにめげない、負けない哲学を自分の中に持つ必要があります。そのことが、結果的には自分のためにも、会社のためにもなるからです。

そのような哲学を、文化を通して学んでいくことが大切です。

四

「調和融合」の世界こそ究極の強さ

武道の極致は「戦わずして勝つ」

幕末の剣聖・山岡鉄舟が駿府に赴いて西郷隆盛との和平交渉を成功させ、江戸城の無血開城を果たせたのはなぜか？　山岡鉄舟が剣の修行で到達した「戦わずして勝つ」次元を体現していたからだと冒頭に書きました。

それこそ、武術を修行した者が到達しうる究極であり、武道をいま改めて発信する意義だと私は感じています。

幼い頃から武士が登場する時代劇を見ている日本人なら、ふたりの剣士がジッと向き合ったあと、片方が「参りました」とひれ伏す場面を目にしたことがあるでしょう。それがどんな意味か、何となく理解しているに違いありません。

でも、時代が進むにつれ、その理解はあくまで「何となく」であり、そこにはっきりした境地があることは忘れられています。最近では、それは精神的な世界を示す誇張的な伝説だという誤解も広がっています。

「戦わずして勝つ次元」は「目に見えない世界」ですが、武道はこれを見える世界に変えてくれるメソッドを明快に持っています。

剣士のひとりが「参りました」と言えるのは、単に相手に気持ちで圧倒されたからではありません。相手の力量がはっきり見えたからです。つまり、その剣士も次元が高いのです。戦わずして勝ったもう一方の剣士はさらに次元が高いわけです。

武道を究めれば、この境地は決して絵空事でなく、着実に自分の中に培われます。

初めにご紹介した将軍・吉宗と弓の名人の逸話も、弓の名人が「戦わずして勝った」一例です。吉宗自身も名人の心に気づいたからこそ、次元の高い話になるのです。

徳川家康は、天下を統一したあと「これからはもはや剣で治める時代ではない」と考えていたようです。その考えにぴたりと合ったのが、柳生の無刀流です。

家康は、柳生新陰流の祖・柳生石舟斎《やぎゅうせきしゅうさい》宗厳《むねよし》を呼んで、無刀流を披露させています。

それが刀を持たずに相手に立ち向かう「真剣《しんけん》白《しら》刃《は》取《ど》り」。

柳生石舟斎は、家康が日本刀で斬りかかったのを、パッと取って投げたといわれています。

家康は石舟斎を徳川家の剣術の指南役として抱えようとしましたが、宗厳は自らの老体を理由に丁重に固辞し、五男・柳生宗矩を推挙。宗矩が仕えることになったと伝えられています。

ここに家康の時代を見据える眼差しの確かさ、当然とはいえ武術に対する理解の深さがうかがえます。

刀を持って斬りかかってくる相手に丸腰で立ち向かい、その刀を素手でつかみ取ってしまうことなど、現在の常識では考えられないでしょう。真剣白刃取りは、荒唐無稽な伝説の中で誇張された作り話ではありません。

武道には、それができる境地が確かにあるのです。

相手と調和・融合するのが上の勝ち方

武道の歴史をひもとくと、武道とは本来「自分を護ること」にあり、また「敵を倒すこと」にありました。そのような「生か死か」の場を何度もくぐり抜けることによって、武道のあるべき姿は必然的に「戦わずして勝つ」方向へ導かれていきました。

そして「戦わずして勝つ」ことを裏づける術技や心のあり方の極意が生み出されていったと考えられます。

術技はあくまで「相手を一撃のもとに倒すこと」を求めたものですが、そのような術技も「覚悟」という「心」があって初めて自由に使えるものでした。そうした必然から、術技と心のあり方は切っても切り離せないものとなり、両者の一致にこそ極意があるという次元に高まったのでしょう。

「覚悟する心」は、絶対的世界に身を置くことで得られる悟りで、それはもはや自力本願の宗教ともいえる境地ではなかったかと思います。拳聖、剣聖といわれた多くの人たちはそれをいろいろな形、言葉で残しています。

次の教えにもそれがよく表れています。

勝ちに三つの勝ちあり
打ち込んで勝つは、下の勝ちなり
勝って打ち込むは、中の勝ちなり

戦わずして勝つは、上の勝ちなり

生死を賭ける時代背景の中でこそ、このような言葉が生まれたのだと思います。だからこそ、その言葉は真理であり、時代を超えて生き続けるのです。

無刀流の真剣白刃取りは、戦わずして勝つ、上の勝ち。相手と「調和融合」しなければできません。調和融合は、絶対の境地に立ってこそ生まれます。

山岡鉄舟は荒稽古で有名ですが、彼の著書『剣禅話』（高野澄・訳）を読むと、その稽古は相手を叩きのめすというような硬さの剣術ではなく、柔の中の剛であり、相手と調和・融合するものだったと思われます。

たとえばその一節『剣法邪正弁』に、

「自分のからだをすべて敵にまかせてしまうのだ」

「ただ血気にまかせて進んで勝つことを考えるのだが、このような剣法を邪法というのである」とあります。

まさに絶対的世界に身を置くことの重要性を著しています。

「戦わずして勝つ」境地とは、「相手の斬る気を斬る」、つまり、相手が斬ろうとする気持ちを萎えさせてしまう次元です。山岡鉄舟はそれを体得していました。鍛え抜いた心胆と知力・行動力をもって、山岡鉄舟は駿府総督府へも堂々とたどり着き、西郷隆盛との交渉を成功させました。

それを支えたのは単なる気合いではなく、鉄舟が長年の武術修行を経て培った心身の次元の高さです。

争わない「手」の歴史が沖縄古伝空手のルーツ

沖縄はいまから約６００年前、三山（北山、中山、南山）に分かれて対立していました。その時代に、当時の尚氏王朝、尚真王が国を統一するため、武器撤廃の宣言をし、平和の道を選んで今日に至りました。

この歴史の中から武器を持たない手（ティー）、現在の空手が生まれました。これが空手のルーツです。

人を大切にする、争わない「手」の歴史こそが、沖縄の心です。

このように沖縄古伝空手は各流派、各流儀といった個でなく、国としての歴史、文化なのです。こうしたルーツを持つからこそ、空手には世界に発信していける「平和へのエネルギー」が内在するのです。

実際、継承されている伝統の型を稽古すると、そのことがよくわかります。

平和を求める武術稽古の本質は、「絶対的世界」に身を置くことにあります。

絶対的世界とは、競争原理を乗り越えた世界です。それは、人に勝つより自分に勝つこと、すなわち自分自身との戦いであり、その究極は「相手との調和、自然との融合」の心にあります。

「武術を稽古していると理想が高くなる。

一般的には理想が高くなると空想になってしまうが、武術をやっていると理想が本当の理想となり、それを実現しようとして努力するようになる。

そういうエネルギーが湧いてくる」

これは座波先生の言葉です。

稽古を重ねるうちに、目指す山の高さを知り、いかにその山の頂上が高い所にあっても、そこに向かおうとするエネルギーが湧いてきます。それは最高峰を目指して山を征服しようとする試みとも違います。

武道の山とは、頂上に近づけばまたさらに高くなっていくような山です。その山は、自分自身のあり方でいくらでも高くなっていきます。目的は頂上に達することではなく、山の大きさ、登る山を大きくすることに本質があります。武術空手の稽古はそれを可能にします。

ここに武術空手の魅力があるのです。その生き方が武道ということです。

武道の攻撃の強さの根本は身体の回転の鋭さ

「オーラのある人」という表現をしばしば聞きます。

現代でも、たしかにオーラのある人はいます。しかし最近世間で聞くのは、本当のオーラではなく、その人が有名だからとか、表面的に着飾ってきれいだとか、地位や権力に惑わされている程度の場合が多いように感じます。

それは身体脳で感じるオーラでなく、頭で勝手につくり出すオーラです。

その程度のオーラでは難局を打開できませんし、リーダーとして窮地を救うことはできないでしょう。

武道でいうオーラとは、次元の違うものです。地位も名声も関係ない、ましてや損得とは関係がない。心技体に裏打ちされた、根拠のあるオーラです。それを私は普段、「気」と表現しています。

もちろんこれも、一般に理解されている気とは実体が違います。中国の気功でいう気とも違います。

武道によって培われる気は、見える人にははっきり見えるほど、もっと確かなものだと私は感じています。これは言葉では表せません。

刀などの骨董や高価な品を語るとき、最近は「何百万円の値がついている」「何千万円で取引された」と、その評価を金額に頼っています。人の評価も肩書きや人気で見る癖がついています。商品ならブランドや売れ行き。でも、肩書きや人気というのは、その人や品物の真の価値を示すとは限りません。

いまはまだ肩書きやブランドがもてはやされ、人気や売れ行きに左右されていますが、そのうちみんな「これはおかしい」と気づきだすでしょう。

本物に触れ、本物の師について修行すると、肩書きやブランドなどに心を惑わされなくなります。

そこに本物を感じ、見極める力も自ずとついてきます。

相手と対峙するとき、自分の内部で感じる変化を言葉にすると、「回転をかける」という表現が一番合っています。

私の動きを外から見れば、動きは止まっているように見えますが、身体の内側は激しく回転しています。ちょうど高速で回転しているコマのような感じです。コマは静止して見えますが、実際には激しく回転しています。コマの脇を指でちょっと突くと、ポーンと鋭く弾かれて位置を変えます。

同じように、武道の突きや蹴りの強さは、勢いや筋力を主体としたものではなく、むしろ身体の回転の鋭さが根本にあります。

自動車のエンジンにたとえたら理解しやすいでしょうか。

エンジンが一分間に数千回の単位で激しく回転している。クラッチをつなぐ前は、いくらエンジンを回転させても車は止まっています。これをつないでギアを入れたとたん、エンジンの回転がギアに伝わり、自動車を動かす推進力となって動きだします。あとはアクセルの加減です。

武道家の身体、武道の攻撃はそれと似ています。

クラッチをつないだ瞬間、力が出る。その威力の源は筋力ではなく、身体の内側から湧き上がるエネルギーです。

武術空手とスポーツ空手の根本的な違いのひとつはここにあります。

スポーツ的な突きは、突く速さと力に頼っています。腕が伸びきってしまえば、拳にはもうエネルギーが残っていません。

ところが武術空手の突きは、腕が伸びきってもなお拳にエネルギーが溜まっています。身体の内側が回転していますから、腕が伸びているので勢いがつけられないというのが関係ないのです。腕が伸びた状態でも、そこでクラッチをつなげば身体の回転がそのまま伝わって相手を貫通する衝撃が発します。

武術空手の突きの威力が、表現できないほど格段に違うのはこのためです。昔から空手は、巻きわらを突いたり、砂に拳を打ち込んで拳の強さを磨くというイメージがあり、実際そういうことが行われています。私もスポーツ空手の時代は巻きわらを突き、拳から血を出し、タコをつくったものです。

でもそれは本来の沖縄古伝空手の思想ではありません。拳の強さは衝突で鍛える外からの力でなく、内側からにじみ出す強さだからです。

身体に回転をかけて起きる変化を体感する

自在に身体の内側の回転を操ることは、一朝一夕にできるものではありません。古来伝わる武道の型を何年も繰り返し、修行してそこに達します。

言い換えれば、武道の「型」は、人間の身体の内側のエネルギーを高め、発揮するためのメソッドです。

一見、どんな意味があるかわからないように見える型ですが、ひとつひとつの動作には、長い歴史を重ねて研ぎ澄まされた深淵な真理と叡智が凝縮されています。まだ型を学んでいない読者にも、身体の中の回転を変えるとどんな変化が起きるか、その入り口を感じてもらうことはできます。

空手か柔道の帯があれば、腰に巻いて仰向けに寝てください。帯がなければ、丈夫そうな太いベルトでもけっこうです（イラスト㉔参照）。

まずは特に意識せず身体を投げ出して、パートナーに帯をつかんで持ち上げてもらってください。同程度の体格なら、それほど苦労せず、床から背中が浮いたでしょう。持ち上げる人は、腰を痛めないよう、背中を丸くせず、背筋を伸ばして持ち上げましょう（イラスト㉕参照）。

次に、寝ている人は内臓を上下に動かすような感覚を加えてください。軽く片手を胸の前に掲げ、ピストンが上下するように手を軽く上下させながら内臓が上下するイメージをつくります（イラスト㉖参照）。

その状態でパートナーにまた持ち上げてもらってください（イラスト㉗参照）。

㉔ 身体の重みが
変わるのを
実感するのが目的。

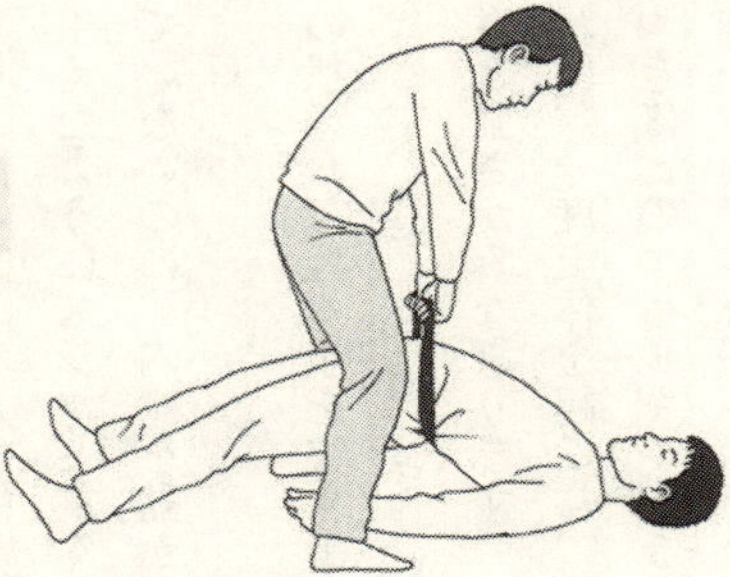

㉕ 気合いで抵抗しても、
簡単に
持ち上げられる。

㉖ 軽く手を動かし、
内臓を身体の中で
上下動させる。

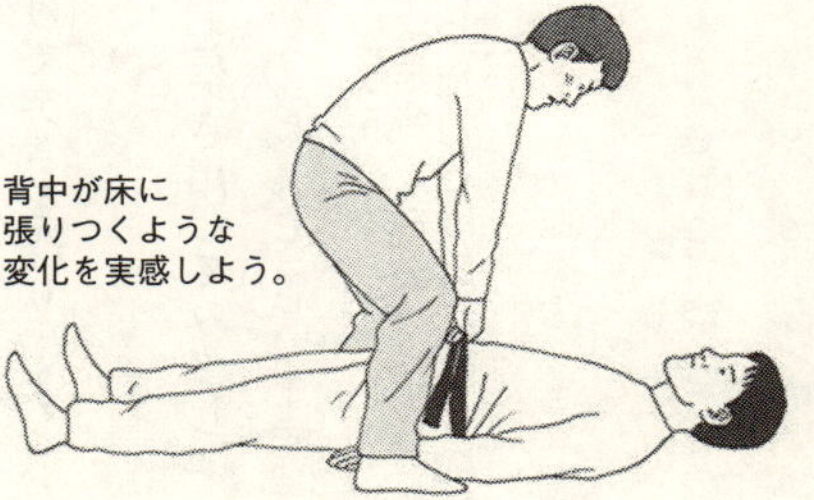

㉗ 背中が床に
張りつくような
変化を実感しよう。

寝ている人より、持ち上げる人のほうが驚くかもしれません。

背中に根が生えたようにズシッと重くなり、まったく持ち上げることができません。見た目は動いていないのに、内側を動かしたために身体に重力がかかって重くなったのです。

試しに、その状態から軽く拳を突き出してみてください。どこにも力が入っていないのに、拳の先にエネルギーを感じませんか。身体に回転をかけて突きを繰り出すと、これほどの重さと強さがみなぎります。

わからなければ、一度上体を起こし、普通にもう一度寝て拳を突き出してみましょう。腕にはさっきほどのエネルギーがなく、ただ上げただけという感じだと思います。しかも腕と身体が内側でつながっていないと感じる人もいるでしょう。

身体の内側に回転をかけた突きの力と、筋力やスピードに頼った力とはこれほど次元が違います。

力の衝突を感じさせない「ゼロの力」で相手に対し有利に立つ

スポーツに限らず、武術空手の稽古でも自由組手などをすると、勢いのあまり「力の攻防」になりがちです。そうすると相手との接触点で力の衝突が起こります。力の衝突は力みにつながり、「居付き」が生じます。その結果自由が利かなくなり、攻防におけるスピードは落ちます。攻撃でも瞬発力がなく、威力は落ちます。

武術空手では、接触点で力の衝突を感じさせない力が必要です。それを私は「ゼロの力」と呼んでいます。

普通は、相手と自分との接触点（または接触面）では方向性を持った力が働きます。すると必ずそこに衝突が生まれ、力対力の勝負になります。

ゼロの力は、相手との接触点（接触面）で衝突を起こさず相手を処理する力のことで、「相手の力を吸収する力」「相手の力を返す力」「相手の力に対して貫通する力」の三つに分けられます。相手の攻撃に対して、その接触の瞬間点にゼロの力が内包されていないと、必然的に衝突が起きます。

なぜ「ゼロの力」と呼ぶかというと、相手と自分の接触点はあるけれど、相手に対して自分の力を感じさせずに対応するからです。しかも、相手を処理するためのエネルギーに方向性を持たないという意味です。

衝突が起これば、力の対決になったり、速い遅いのスピード勝負になります。そうなれば力のあるほう、または運動神経のよいほうが有利になります。

ゼロの力を内包していると、力やスピード、運動神経などに頼らずに対応できます。体の大小、性別、年齢を問わず、相手に対して有利に立てます。ここが武道の痛快なところです。

実戦でも子育てでも、本当に役立つのはこの「ゼロの力」です。ゼロの力は、調和融合から生まれる「衝突しない力」だからです。

調和融合の精神で
相手の動きを制する

アジア大会（2002年）の空手競技で金メダルを獲った選手は私の主宰している

塾生でもあり、ときどき会う機会があります。そのときは実際、手合わせもしますが、彼の突きより私の手のほうが先に彼の顔面を捉えます。

周りで見ていると、彼の突きのほうが数倍速く見え、私の動きはスロー・モーションくらいに遅い感覚ですが、実際には私のほうが速く、完全に相手を制する形になります。フル・コンタクト系の空手やK－1をはじめ格闘技のチャンピオン・クラスの選手とやっても同じ結果です。

それは、私の動きの質がスポーツ的な動きとまったく違うからです。56歳の私がスポーツ的な動きを頼りにしていたら、20代、30代の選手にはとてもかないません。

しばしば「なぜそんなに素早く動けるのですか?」と聞かれますが、ひとつは「相手の動きがよく見えるから」です。相手には、こちらの動きが1コマか2コマのデジタル的な動きで見えているような感じかもしれません。私からすると逆に相手がスロー・モーションで見えるので、余裕があるのは当然です。

「時空の間を制する」、これもまた調和融合の精神から生まれる境地です。

反対に、想像を超える速さで反撃を受けた相手は、アッと思った瞬間、すでに居付いています。頭が真っ白になったような状態。時間は流れていますが、その人にとっては時間が凍りついた感覚でしょう。そうなれば、こちらの動作自体が速くなくても、相手は手も足も出せません。

時速300キロ近い速さで走っている新幹線に書かれた小さな文字を間近で読むことはできませんが、もし並行して同じ方向に同じスピードで走っている新幹線からなら余裕をもって読めます。それは止まっているように見えるからです。

戦時中、私の父は戦闘機に乗っていました。プロペラ機で編隊を組むときには、自分のプロペラと先頭を行く飛行機のプロペラを合わせたそうです。プロペラが止まって見えるときは、スピードが同じだというわけです。

私が相手の動きを制するときも、これと似た感覚です。

新幹線がすれ違う勢いで相手の突きを迎えたら、速くて見えないのは当然です。こちらの動きと合わせて倍の速さになるのですから。でも、こちらが相手と同じ方向に向きを変えたらどうでしょう。止まっているのと同じです。これが、調和融合の精神です。

実演会などではこんなふうに体験してもらいます。

パートナーと、3〜4メートル離れて向かい合い、お互いすれ違うように歩きだします。相手とすれ違った瞬間、すぐ方向を変えて相手の背中にくっついて歩きます（イラスト㉘参照）。素早くやろうと思っても、どうしても間が開いて、ひと呼吸遅れてしまうでしょう。すれ違う前から歩く速度を落としてはいけません。いずれにせよ、まだ調和融合できないわけです。

今度は、人差し指を立てて軽く突き出します。すれ違う瞬間、すっと相手の腰に人差し指を添えます（イラスト㉙参照）。

すると、間が開かずピタッとついて方向転換できるようになります。後ろにつかれたほうも、間が開いていたときは何も感じませんでしたが、今度は後ろに気配を感じます。

これが相手と調和融合した感覚です。そして、人差し指を立てるのは、武道でいえば型に相当するメソッドです。これは、相手の中に入る感覚を学ぶと同時に、私が相手と調和融合して、そのスピードをゼロにする感覚と似ています。

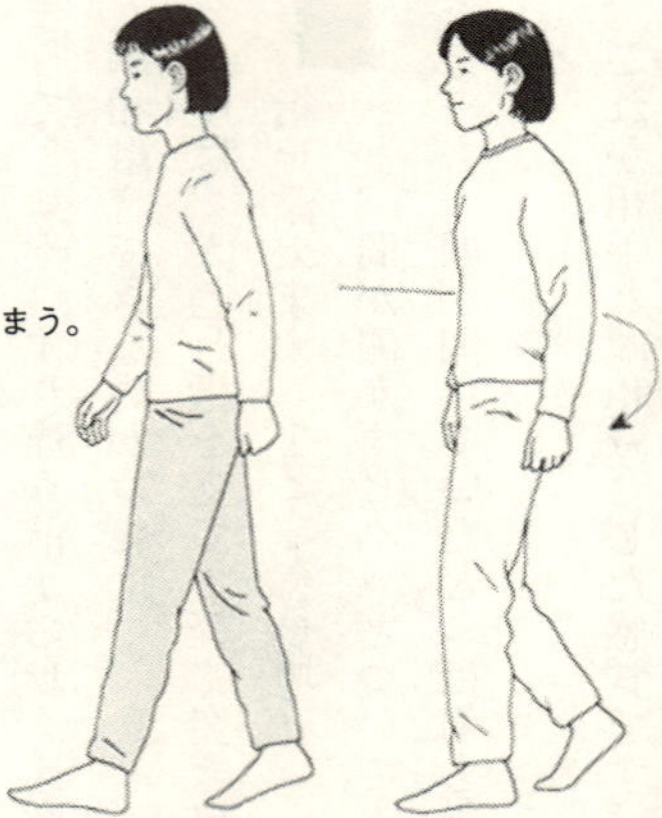

(28) 頭で意識する
だけでは、
遅れが出てしまう。

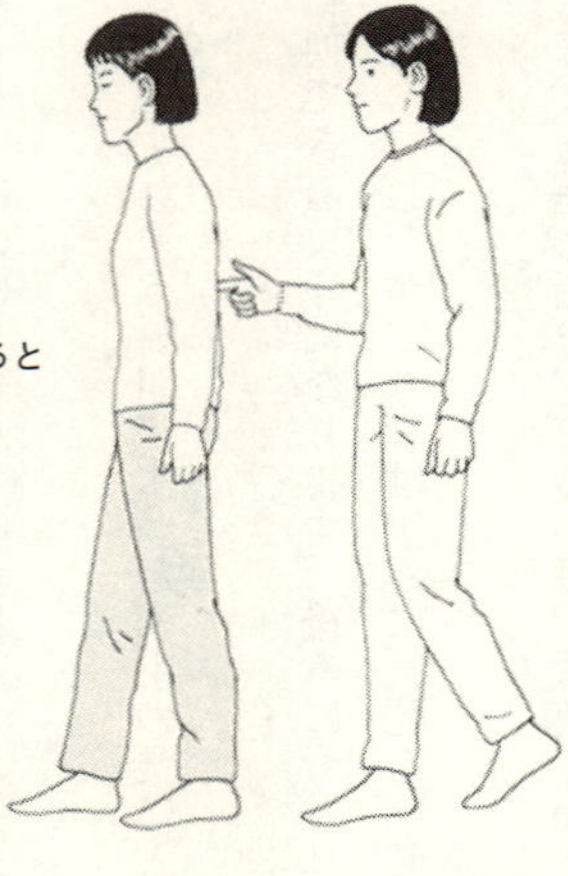

(29) 指を相手の
背中につけて回ると
間が開かない。

「身体のライト」で照らした光はどんな相手にも届く

武道では、肉眼で物を見ることを重要視していません。目で見ると、身体動作は脳からの命令になるので、鈍くなってしまうからです。私は武術的なものの見方を〈身体の眼で見る〉と表現しています。座波先生は、

「眼は集中力をつくる原動力を持っとる。

ところが目というのはひとつの鏡であって、相手の形を映す。それを判断するのはここ（額）や。目の神経を動かすのはここ（額）にあるから、額、目の間を上げ下げしたらいかん。まっすぐ相手に目を向けておく。これが動いたら目の神経が散ってしまう」とおっしゃっています。

さらに、身体の気を相手に照らすという意味で、私は「胸のライトを照らせ」と教えます。胸に大きな水晶球のようなライトがあって、これで３６０度を照らす感覚です（イラスト㉚参照）。

姿勢を正して胸を大きく開かないと、ライトは強く光を放ちません。これが身体の

内側の回転数を上げる一助にもなり、また回転数を外に向かって発揮するためにも胸を開くことは必要です。

たったこれだけで身体がどう変わるか、やってみましょう。

まず、馬乗りの姿勢で試してみましょう。さっきは両手の平を上にしてから馬乗りの姿勢をとりましたが、今度は胸を開き、胸のライトを照らし、そのまま馬乗りの姿勢をとります。そして、パートナーに背中を押さえてもらって上体を伸ばしてみてください（64ページ参照）。

手の平を上に向けたときと同様の軽やかさでパートナーをはねのけた人は、胸のライトをちゃんと照らせられた人です。できなかった人は、まだ頭で考えているか、身体でできていない人です。もう一度、胸の光をグーッと強く照らしてやってください。

30 身体のライトを照らすとエネルギーが一変する。

身体のライトがもたらす力をまだ信じられない人もいるかもしれません。もうひとつ実践しましょう。

野球かテニスなどのボールを1個か2個用意してください。野球のグローブがあればそれを使ってもけっこうです。

ひとりが投げ、もうひとりが受けます。1メートルちょっと離れて、向かい合って立ちます。投げ手は下から軽くボールをトスします。

このとき受け手はまず、「両目でボールをしっかり見て」キャッチしてください。捕ったら軽く投げ返す。リズミカルにこれを何度か繰り返します。

投げ手はなるべく相手の左右上下、手の届く範囲でボールを散らせて投げてください。このときの受け手の捕り方、上体の動きをよく観察してください。

何球か繰り返したら、別のやり方に移ります。

今度は「目でボールを強く見ずに、身体の眼で（胸のライトを照らして）ボールを見て」捕ってください。投げ方はさっきと同じです。

このときの受け手の雰囲気、キャッチの確実さ、上体の動きはどうでしょう。

目で見るなと言われたら、捕りにくいと思うでしょうが、やってみると大半の人が、「身体の眼で見たほうが落ち着いて捕れる」と感想を洩らします。事実、捕球の確かさも身体の眼で見たほうが格段に向上します。

それに何より、上体のブレがほとんどなくなるのです。

目で凝視したときは、上体も手と一緒に動き、バタバタした感じに見えます。ところが、身体の眼で見ると上体はほとんどブレることなく毅然として立ったまま、手だけがきびきびとボールを捉えます。

目はボールを見ていないのに、補球の確率も安定感も格段に高くなっているのが、自分でも周囲からもわかるでしょう。

目で懸命に見るよりも、身体の眼で見るほうがずっと根本的な成果が上がります。外の動きより内側の動きがいかに大切か、この体験からも認識を新たにしてもらえたと思います。

身体の眼が照らす光は、周りの人にも届きます。

学校や会社の廊下で先生や上司とすれ違ったとき、試してみてください。

いつもなら、お互いまっすぐ歩きながら、軽く頭を下げる程度で会釈するでしょう。このやり方を変えてみるのです。

相手が近づいてきたら、ちょうどいいタイミングでスッと相手に正対します。そして、胸を大きく開いて身体のライトをしっかり照らし、キチッとお辞儀します。相手は思わず立ち止まって、いつになく丁重な対応をしてくれるでしょう。

こちらが立ち止まったから相手も止まったのではありません。試しに身体の向きを変えず、身体のライトも照らさずに会釈してみましょう。相手はいつもどおり歩いていくと思います。

これは、相手の中に入る、日常的な場面でできる、ささやかな実証のひとつです。

武道の気は、見える人にははっきり見えるほど確かなものだと書きました。

こうしていくつも実例を挙げているのは、頭で理解するのでなく、身体で感じながら読んでほしいからです。

実践して、ご紹介したとおりの結果にならなければ、やり方が間違っていないか確認したうえで、何度か無心に取り組んでみてください。

私はこの本を通して、日本が世界に誇れる文化としての武道を少しでも理解してもらえたらと思っています。

武道を学ぶと、身体の実践を通して自信を持つことができます。

武道を真に実感するには、よき師に入門して一から型稽古を始め、長年の修行を積むのが最善の道です。

あくまでもこの本は、いまなぜ改めて日本社会に武道が重要なのかを、また人生や社会の基盤となりうる武道の素晴らしさを、私の経験から述べているものです。

「百聞は一見にしかず、百見は一触にしかず」を私は旨としています。

聞くより見る、見るより触れる。本を出したら必ず実践講習会をやるようにしていますが、この本で表し尽くせないことは実際に一触してもらう機会をつくる約束をして、筆を進めさせてもらいます。

いまを確かに生きられるかが、日々の大切な修行

過去・現在・未来という時間の中で、実際には現在という時間はないに等しい、ごく一瞬です。「いま」と言う間に現在は過去になっています。それほど短い瞬間です。人はその瞬間、瞬間を生きているのですが、案外この危うさを忘れがちです。

武道では、「いまをどれだけ確かに生きることができるか」を常に問われます。いかにいまを実感し、これを自分のものにできるか。それが「時空の間を制す」ために大切な日々の修行です。

かつて武術の達人が、斬りかかってくる相手の剣に対応するのはどれほどの速さかと聞かれて、

「月夜の晩に、ふすまを開けたときに月の光が差し込んでくる。この、ふすまを開ける、光が差す、この対応の速さだ」

と答えたといいます。それはつまり「光の速さ」です。光の速さで感じる、身体の内側を光の速さで動かす、それに身体の動きが付随する。それが武道の次元です。

武道には、そのような境地にたどり着くための道標がきちんと用意されています。それが「型」です。型は、道路の地図のように詳しい地名や道筋がわかりやすく示されてはいません。その道を何度も何度も歩きながら、自分でその周りの風景や人々の感情を知り尽くしていく。俯瞰《ふかん》して行き先を順番に説明するような説明はありません。

しかし、その型を深めていけば、必ずその実感が身体の中で得られます。これを感じるか感じないかが武道の修行そのものです。これを実感すると、身体の革命が起こり、面白くてたまらなくなります。

また、分解組手など、それぞれの型が秘めた意味をひとつずつ体感し、会得するためのドリルもきちんと用意されています。これを自分の勝手な解釈でやってしまうとまったく意味がないのですが、先達が秘めた原点を常に受け継ぐ覚悟で取り組めば、身震いするほどに深淵です。

単なる精神論ではない「心を込めて」という言葉

もうひとつ大切なことをお伝えしなければいけません。

「心を乗せる」ということです。

最初にやってもらった正座のお辞儀を、正しい姿勢で、しかし、相手に対して「この野郎」と敵対心を持ってやってみてください。そして誰かに背中を押してもらってください。すると、どんなに正しい姿勢でお辞儀をしたつもりでも、背中を丸めたときと同じようにぐらついてしまいます。

心と身体が一致しないと統一体にならないからです。

最近は「心を込めて」といっても、単なる精神論だと思われがちです。しかし、心はこれだけ大きな作用しているのです。お辞儀は形式的な儀礼ではありません。自分自身にとっても大切な、行動の基本です。

礼も、気が通っていないと武道的には隙だらけです。気が通っていない状態で礼をすれば、居付いた姿勢になってしまいます。

勝負に臨んで「勝ちたい、勝ちたい」と思えば思うほど、うまく身体が動かない。そういう経験を多くの人がしているでしょう。それは意識が先走って、統一体が崩れているからです。

誰かに勝ちたい、という発想は相対的です。相対で事に当たると、身体の呼吸が止まって統一体にならないのです。調和融合の精神でなければ、人は持てる最高の力が発揮できない、その原点にあるのは心です。

「剣禅一致」という言葉は、江戸時代に生まれました。

「剣が正しければ心も正しい。心が正しければ、また剣も正しい。その人間が政治を司れば、政治もまた正しい」という発想です。身体は裏切りませんから、嘘がありません。判断の基盤がはっきりとしています。身体で政治をすると、悪いことをしようとしても身体が許しません。

かつて明治維新の志士たちには、剣の達人の域に達している人たちが数多くいました。その意味するところはここにあると思います。やがて、武術修行のような身体を通しての修行経験のない政治家が増えるにつれて、日本の政治は身体から頭脳へと変わってきました。

身体は裏切らないけれど、頭は裏切ります。頭脳による損得勘定や私利私欲をさまざまな理屈で正当化して、身体なら違和感を覚えてできないことでも、頭で納得させてやってしまうのです。

「剣禅一致」はビジネスや教育にも通じる

いま日本は、鉄道のローカル線を止めてしまいました。それは収益性を第一の規準にした判断です。赤字線廃止のお陰で、車で運ばなければいけません。昔ならレールで運んでいたものをすべて自動車輸送に依存するようになって、道路の混雑を生みました。

そこで今度は道路をどんどん拡張した。しかし、ローカル線と似たような状況が高速道路にも生まれます。すると今度は、ローカル線のような道路は作るなと批判が出てもめます。姿勢がふらふらしているのです。

さまざまな問題をどう解決したらいいか？　議論はされていますが、それを主張している人の大半が頭で考えていますから、いずれも裏づけが薄いと多くの人が感じてしまいます。

西欧をはじめ世界各国のように主流となる宗教があれば基本がひとつですから、あまり脱線しないと思います。が、日本の場合はそれがありませんから、本来なら宗教に代わる何かを根底にすることが重要だと思います。

宗教ではなく、文化伝統。日本には、武道という素晴らしい文化伝統があります。武道には、人を愛する心が根底にあるのです。

「武道も一種の宗教ですか？」と聞かれることがあります。

たしかに武道は、海外の人たちが信仰する歴史ある宗教と通じる社会性・普遍性があると思います。でも、宗教とは決定的に違うところがあります。宗教は「他力」ですが、武術は「自力」であるところです。

武道は稽古・修行を重ねることで、自分の中に真実、真理が見え、確かな技とエネルギーが生まれるものです。

五

武道の教えで超一流のスポーツ選手を育てる

しっかり立つのが すべての基本

スポーツ選手を指導するとき、まず最初に、
「最高に安定していると思う姿勢で、しっかり立ってみてください」
と声をかけます。

多くの選手は、少し足を開き、やや膝を曲げた感じで立ちます。その腰の真ん中あたりを、後ろから指で軽く押します。すると、ほとんどの選手は重心が崩れ、「あれっ？」と苦笑しながら前によろけます（イラスト㉛参照）。

「もう一度」と言ってやり直すと今度は押す指に対抗し、後ろに体重をかける選手がいますが、これは指を外せばやはり後ろによろけてしまいます。

重心を安定させてどっしり立っているつ

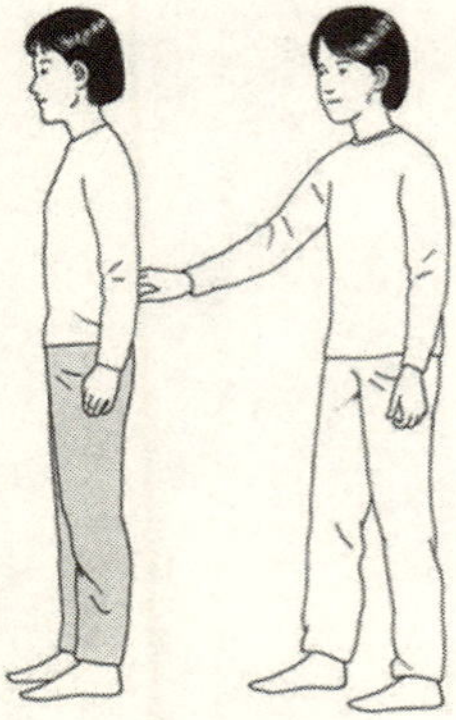

31 きちんと立てているか、この方法で検証できる。

もりでも、実は重心が浮いて、地に足が着いていないのです。

野球、サッカー、アメフト、ラグビー、陸上、テニス、ゴルフ、格闘技など、国内外で活躍する多くの選手たちと会いましたが、最初から指で押してぐらつかなかった選手はほとんどいません。残念ながら、「しっかり立つ」という、基本中の基本が、一流と呼ばれる選手たちでさえできていないのです。

競技の構えで試しても結果は同じです。

野球の打者なら打者の構え、テニス選手ならレシーブの構え、等々。慣れ親しみ、毎日厳しい練習を重ねているはずの構えですが、後ろから腰を指で押すだけで、つんのめってしまいます。

練習以前に、何が大切か、何が基本かを見逃してしまっている。正座のお辞儀でいえば、統一体になっていない状態でプレーを始めているのです。

不安定な状態でバットを振ったり、投球しても、本質的な力が出ないのは火を見るよりも明らかです。

それなのに、日本中のほとんどすべてのスポーツ選手たちが、この根本を直さないまま、頭でっかちなトレーニングを繰り返しているのが現状です。

私は、武道的な観点からこれを改善します。

その手がかりは、わかってしまえばきっと拍子抜けするほど簡単です。

この本はスポーツ選手や指導者を対象とする本ではありませんから、それほど詳しくは書きません。

多くの読者が慣れ親しんでいるスポーツを例に挙げることで、武道に残されている身体の真実、真理への理解が深まることを願ってこの章を書き進めます。

まずは正しい立ち方です。これはスポーツ選手だけでなく、すべての人にとって大切な基本です。

両足を軽く開いて立ち、足裏全体で体重を支えます。そのとき、大事なことは、かかとを意識するということです。漠然と立っていた最初に比べて、足の裏に身体の重さを感じ、足裏で地面を踏みしめている感じが、だいぶわかってきたのではないでしょうか。

この状態で、腰の後ろを押してもらってください。

さっきとは、身体の中の感覚が変わっているのを実感できるでしょうか。

押されても、ふらふらしない。抵抗する力が強くなっている。後ろによりかかるのでなく、足の裏がしっかり地面とつながって、身体の芯から力が湧いている感覚があれば、統一体になった証拠です。

まだふらつく人は、頭であれこれ考えようとせず、まっすぐ前を見据えて、かかとに体重を乗せる意識でやってください。また、他の方法としては、左手の小指を少し曲げ、小指を意識するだけでも同じ安定が得られます。

これでだいぶ変化が実感できたでしょうか。

できること、違いを感じることが大切です。かかとが上がっていても、かかとを意識することによって、安定が得られます。

しっかり立てたら、そのままの感覚でバットを振ってみてください。テニス選手ならラケット、ゴルファーならクラブでけっこうです。投手なら、その姿勢からモーションを起こして投げてみましょう。

身体全体が滑らかに動き、楽々と動けている、力強さが内側からにじみ出る感覚を実感できたと思います。

あまりに簡単で拍子抜けしたかもしれませんが、わずかこれだけのことで変化するのに驚いたと思います。

打者なら余裕を持ってボールを見ることができる。投手なら自信を持って投げることができる。打球に勢いが増し、投げた球に力強さが出てきます。筋力強化などしなくても、一瞬のうちに選手を頼もしく成長させ、パフォーマンスの質を変えることができる。

これが武道による指導の画期的なところです。

人間の身体は、姿勢を正すだけでこれだけ変わるのです。

勘の鋭い選手は、これをやっただけで目を輝かせ、顔色が変わります。いままでに感じなかった身体の奥の深さに触れ、希望を見いだすからだと思います。あれこれ理屈を言う人と、伸びていく人はそこが違います。

型がないスポーツにはレベルアップの余地がある

ほとんどのスポーツには、武道における「型」に相当するものがありません。基本とされる理論やフォームはありますが、その多くは時代と共に変化します。ひとつの時代にも、いくつも違う理論があります。武道にはそれがありません。型は不変です。基本は確固たる歴史と伝統に根ざし、変わることのない真理です。

スポーツで正しいとされている理論やフォーム、練習方法は、一時的に好成績を挙げたチームや選手の真似であったり、体験的、統計的な結果から逆算されたもので、真理から生まれたメソッドとは違います。武道の型のように長い歴史に裏打ちされたもの、師から弟子へ、受け継がれてきたものではありません。

その時代のチャンピオンやその選手を指導した指導者たちが、結果や名声を背景にして語る独自の理論であり、必ずしも絶対的な裏づけはないのです。

武道の型は、歴史の積み重ねによって受け継がれた真理です。この点が根本的に違います。武道では、師に学んで素直に稽古を重ねるかぎり、スランプがありません。

迷いが生じたら、型稽古に戻ればよいからです。

型を通しての稽古には、壁に当たることがありません。型がモノサシの役目を果たすので、乱れやずれを定量的に捉えることができるからです。

ひとつ面白いことをしてみましょう。

イラスト㉜にある、「三戦《さんちん》」の構えを見てください。安定感があり、身体のどこにも力が入っていないのに隙がない構えです。腰の引けた悪い姿勢の「三戦」の構えは、へっぴり腰に見えます。武道の経験のない人が見ても、「格好悪い」とすぐ感じるでしょう。違いが一目瞭然です。

ところが、その姿勢でバットを持ったらどうでしょう。不思議なことに、悪い姿勢でも、バットを持って構えると案外、様になった感じに見えてしまいます。これがスポーツ選手を惑わせる一因です。

パッと見たら、それほど格好悪く見えません。だから、それでいいのではないか、これもありではないかと思ってしまうのでしょう。指導者も仲間たちも、きっぱりとそれを否定できません。けれど、だからといって、身体の内側も良い状態であるわけ

32　600年の歴史と伝統を
継ぐ三戦の序盤の所作。

ではありません。統一体は崩れ、本質的な力は出ない構えです。

スポーツの世界では、「これが真理だ」「それはダメ」と言い切れる根拠（型）がないうえに、乱れたフォームがそれなりに見えるという皮肉な現実も加わって、間違った「個性」が肯定され、絶対的な基本がうやむやになっているのです。

それでもよく打つ人、好投する投手がいるじゃないか、と反論されるかもしれませんが、それは相対的な比較においての優劣にすぎません。打者は7割失敗しても、3割打てば一流といわれる世界です。

ほぼ全員が、足下がふらついた状態で競技をやっている。

勝負はどちらかが勝つわけですから、その中で成績のよいスター選手は結果的に登場します。けれど、スター選手が絶対的な境地に向かっているかといえば、そうとは言い切れません。そこに問題が潜んでいるといえます。裏を返せば、まだまだレベルアップの余地があるということです。

部分で捉える
欧米流の科学的トレーニング法

ここ二、三十年、スポーツ界では科学的に身体動作を分析し、競技やトレーニングに役立てる傾向が盛んになっています。

コンピューターでフォームを分析したり、筋電図を取って数値的に動作解析をする、最新のトレーニング器具を使って筋力強化をするといった取り組みを、一般には「科学的」と理解しています。動きのメカニズムを分析したり、数字を示されると納得するのが最近の日本人の傾向です。これはスポーツに限りません。

ウェイト・トレーニングによる筋力強化も、スポーツ選手なら当然すべき効果的な手段だと広く認知されています。もしいま、科学的といわれる取り組みやウェイト・トレーニングに異論を唱えたら、「時代遅れ」「非科学的な考え」と批判を浴びることでしょう。

けれど、人間のすべてを数字で表そうとする発想や、それで納得できたと思う姿勢こそ、人間の科学を軽視しているのではないか、むしろ限界があると私は感じます。

約30年間、最先端の科学と向き合い、開発の仕事に携わってきた私はその現場で、「科学とは、普遍性があって、再現性があって、客観性があるもの」と教えられ、肌身にしみてそれを感じて生きてきました。

研究室で語られる科学以上に、現場の科学は生きています。

ここまで私が書いてきた武道は、600年の歴史の中に見いだされた真理であり、その技は何度でも繰り返し再現することができ、しかもひとりよがりでなく相手も周囲の人も認める現実です。まさに「普遍性」があって「再現性」があって「客観性」がある、科学そのものではないでしょうか。

何となく、実験したり数字で証明することが科学だと思い込み、自分の身体の中で起こる真実に自信が持てなくなっているのです。

近代科学の欠点は、分析が主体になっているところです。欧米の文化は、部分を分析し、それを組み合わせて全体を作る考え方です。現代の日本は欧米以上に部分の分析に主眼が向けられています。しかし、部分をいくら分析し、部分を組み合わせても「全体」にはなりません。

いま科学的と呼ばれているトレーニング法や身体運動の理論は、今後解析が進めば進むほど、身体を全体として捉える観点からは説明のつかない事実がたくさん出てきて、矛盾をきたすでしょう。

最近は精巧なロボットの開発が進み、人や動物とほとんど同じ動きのできるロボットが開発されるレベルに達しています。「だから科学の進歩はすごい」という言い方もできますが、現代科学の粋を集めてもなお、人間の持つ機能をすべて再現することは不可能です。それほど人間は複合的で無限の機能を秘めています。

たとえば、缶コーヒーの缶を何気なく持っただけで、人はさまざまな事実を感知します。缶の中にあるコーヒーの量や温度。もし異物が入っていれば、それを感じることもあります。これらすべてをロボットに感知させようとすると、さまざまな精密な機能を必要とします。その複雑な感知を人間は一瞬で、しかも、手の平で缶を持つだけで行っているのです。いちいち数字や研究データで説明されなくても、「わかるからわかる」のです。

人間には、感知した情報に対して的確に反応する判断力があり、時には瞬発的に、時には滑らかな動きで対応します。

最近の日本人は五感の働きが鈍っている、といわれます。それ以上に深刻な問題は、「人間が五感で感知した情報を常に統合し、人として一体である」という最も大切なことを忘れていることではないでしょうか。

最近の日本人は、筋力、心理、脳といった各部分を断片的に理解したり改善しようとする傾向が強くなりました。各部分に絞ったほうがわかりやすいし、それで解決できる場合もないとはいいませんが、人を全体で捉える発想や姿勢が根本になければ、本質的な改善はできないと思います。最近は医学の分野でも統合治療の大切さが叫ばれています。

人間を部分的に捉える西洋式の発想に対して、日本では伝統的に身体を統一体として捉える発想を基本にしてきました。

心技体の一致。統一体による内面の気づきへとフィードバックのかかる身体自動制御システムを自分自身の中に築き上げることが大切です。自在の変化は、心技体が一体となってこそできる動きです。しかもそのレベルは、昨日より今日、今日より明日と変化し、成長します。そのことが時代の最先端を行く生き方になると私は感じます。

それを可能にするのが、武道が継承している古伝の型であり、その稽古の積み重ねです。

心技体をバラバラに強化することはできない

私はウェイト・トレーニングをしたことがありません。そのかわり、型で鍛えています。

筋肉がないかといえば、かなりあるほうかもしれません。それも、ウェイト・トレーニングでつく筋肉とは、つく場所も、筋肉の質も違います。

たとえば、肘を曲げると、肘の外側にぷっくりと筋肉が盛り上がります。熱心に筋トレをやっているスポーツ選手でも、ここが盛り上がる選手にはまだ会ったことがありません。これは空手の型を繰り返すうち、知らず知らずについた筋肉です。空手で鍛えた筋肉は、場面や必要に応じて柔らかくも硬くもなる、自在の筋肉です。

最近の日本人は、競技力を左右する一番の要素は筋肉だともっぱら思い込んでいる節があります。確かに筋力を強くすれば部分的には力が強くなります。けれど、身体をひとつにして、根本的な力を発揮する、その根源（エネルギーや司令塔）は、ほかにあります。

多くの人が、各部分の筋力を強くすることばかりに目の色を変えて、心技体を一体化するメカニズム、一体化することで生まれる次元の違う強さや安定感などに目を向けないのは残念ですが、そのメソッドに気がついていないから仕方がないのかもしれません。

筋肉をつけるのが目的なら、筋トレはその目的を満たします。筋力を強くすることが目的なら、その目的も果たされます。ただし、ここでいう筋力とはあくまで測定器が示す強さであって、実際の競技の中で同じ強さを発揮できるのか、目まぐるしく変わる実戦の場面で数値どおりの力が出せるのか、その検証はされていません。

すでに書いたとおり、統一体になっているかいないかで安定感が違うばかりか、内側からみなぎる本質的な力に極端な差が出ます。そこを踏まえず、測定上の数値だけを上げてもどれほどの意味があるのでしょう。筋力を上げるのが本来の目的だったのでしょうか。

まず真っ先に、筋力をつけることが本当にその競技のパフォーマンスを向上させるのか、素朴な検証が必要だと考えます。統一体という考えに立てば、それ以前に取り組むべき、もっと素朴で根本的な基本があることに気づくのではないかと思います。これはスポーツに限らず、普段の生き方、人生に対する取り組み方にも通じます。

有名な大学に入るのが人生の目的だったのか。幸福な人生を求めているのか。主客転倒してしまっている場合が、現代の生き方には多々見られます。

「メンタル・トレーニング」が重要だという認識も広がっています。心の問題だけを別にして取り組んだほうがわかりやすい感じはしますが、心と身体は密接につながっています。心技体が一致してこそ統一体が生まれ、最高の状態が得られます。心技体の一致を抜きにしてメンタル・トレーニングをやっても、本質的な成果は上がりません。

人という形を支えているのは心です。また心は、形に支えられています。心と形を別々に捉えていたのでは、ずっと本質は見えないまま成長できません。

勝負を分けるのは「相手を捉える」感覚

スポーツでも、相手の中に入ることができれば勝負を制することができます。

投手と打者の勝負でも、本当は投手が投げる前に決まっている、という境地があります。

投手が統一体で立ち、身体のライトを照らして、パッと打者の中に入り込むことができれば、打者は無意識のうちに重心を上げられ、浮いてしまって本来のスウィングができなくなります。そんな打者に対して、統一体を保ったまま投手が投げれば勝負は明らかです。この状態になると、制球力も自然とついて、投げ損じがほとんどなくなります。

打者も同じです。投手が構えに入る前に、自分が先に統一体で打席に立ち、やはり身体のライトを照らして投手を捉えます。すると、投手は重心が浮いて落ち着かなくなります。そのまま投げればあまい球になります。たまりかねてプレートを外すかもしれません。その間も、打者は静かに投手を捉え続ければよいのです。

本来、投手と打者の対決はこうした要素があるからこそ、日本人を魅了する深みがあったのではないでしょうか。最近はこのような深みを持った勝負のできる選手が少なくなり、力対力、衝突の勝負になっているように思います。

野球選手の指導をするとき、私はこの「捉える感覚」を実際に体験してもらいます。3〜4メートル離れて立ち、投手にシャドー・ピッチング（ボールを持たずに投げる練習）をしてもらいます。私が打者の構えで立ちます。最初私は何もせず、ただ漠然と構えます。このとき投手は、いつもどおりのフォームとリズムで投げることができます。

何球目かを投げるとき、私がパッと相手の中に入ります。すると、感性の鋭い投手ほど、敏感に反応します。私が中に入った瞬間、凍りついたように投球動作が止まる投手もいます。止まらないまでも、力が抜けて、ほとんどピッチングにならない投手がほとんどです。投球動作を止めなかった投手でも、そのフォームからは力強さが消えます。そして、投げた球に威力がないことは見ている人のほとんどが感じます。

私が中に入ったのに力強い投球ができた投手がいれば、それは私を中に入れさせなかった、その前に私を捉えていた投手です。

鈍感な投手はまったく意に介さず投げてきますが、そのような投手は最初から重心が浮いていて、威力のある球を投げることはできません。

交代して、私が投手をやっても同じです。

私がマウンドで相手の中にグッと入った瞬間、打者の重心が浮き上がり、打つ気そのものがそがれます。たとえ打ちにきても、食い込まれるのは目に見えていて、バットに当たっても打球に勢いがありません。

勝負は投げる前に決まっているのです。

打撃練習、投球練習の基本として、立ち方をしっかりすると同時に、こうした「相手の中に入る」「相手を捉える」稽古を普段から繰り返すことが、本当は重要なことだと思います。

相撲が古くから「立ち合い勝負」といわれるのもこれを表しています。

かつて横綱は、相手力士に胸を出し、まず受けてから相撲を取るものとされていました。遅れたように見えても、立ち合い前に相手の中に入って立ち合いを制していますから、相手の出足が効きません。すでに相手の重心は浮きあがり、完全に横綱に操られているのです。それが本来の「横綱相撲」であり、相撲の深みだったといわれています。

最近はすっかりスポーツ化して、力と力の勝負ばかりが多くなり、相撲の妙味も失われがちです。

スポーツ界の不祥事は、なぜたびたび起こるのか?

プロ野球の新人獲得にからむ裏金問題、大学のサッカー部員・野球部員が起こした事件など、スポーツ界でも、さまざまな不祥事が次々に起こっています。

それだけでなく、小中学校で友だちをいじめている側の何割かは、野球やサッカーなどスポーツをしている子どもだといいます。スポーツがいじめをなくす役割を果たすのでなく、スポーツがいじめを助長している現実があるのです。

これも現在のスポーツを取り巻く空気や取り組み方を見ていれば、当然起こるべくして起こっている状況だと思います。人を育てるのでなく、勝つことが最大の目的になっているからです。

最近のスポーツ界では「反則をしても審判に見つからなければいい」という風潮がまかり通っています。競技でそれを放置しながら、日常生活では「ルールを守れ」と言われても身体は受け付けません。

規範となる宗教を持つ欧米人たちにはまだ、陰で悪いことをしても「どこかで神様が見ている」という戒めがあります。多くの日本人にはそれがありません。

能力主義、勝利至上主義、そして商業化が進む限り、スポーツが決して人を育てない現実は変わらないどころか、悪化を増長するでしょう。スポーツを熱心にやればやるほど、心技体の崩れた人間になっていく。大げさでなく、国を滅ぼすような人間を増やすという、深刻な現実とつながっています。

そんなことで、今後もスポーツが社会から広く支持され、応援され続けるのでしょうか。

スポーツに取り組む基本的な姿勢が変わらないかぎり、スポーツをやっても人間が磨かれない状況が大勢を占めるでしょう。

勝つことに執着し、頭に訴えることばかりに終始して、身体脳を開発する方向に向かっていない。スポーツ指導者、選手たち、そして応援する立場の人たちにも早くこの現状に気づいてほしいと思います。

いま頻発しているさまざまな不祥事は、一チーム、一選手の問題ではありません。スポーツ界全体が共通して抱えている根本的な体質だという理解で改善に取り組むべきではないでしょうか。

こうした構図は、ビジネスや教育の分野にも通じます。「売れさえすればいい」「有名校への進学率がよければいい」といった価値観がすべてに優先していたら、必ず弊害を引き起こします。

武道をスポーツに応用するという発想の限界

ここ数年、武道や武士道への一般の関心が高まって、スポーツの世界でも武道的な発想を採り入れる動きが広がっているようです。しかし、中途半端な理解では意味がないばかりか、かえって深刻な行き詰まりの原因になります。

最近はよく「武道をスポーツに応用する」といった表現に接します。これには違和感を覚えます。部分的に役立ちそうなところがあれば応用するという「いいとこ取り」の発想です。これは部分でものを考えるやり方、欧米化した発想そのものです。

武道は、部分的な動きだけに注目したり、目に見える点だけ真似をしてもさほど意味がありません。「戦わずして勝つ」「調和融合の精神」を持たずに武道の断片だけ真似しても、それでは武術に触れたといえません。発想の土台をスポーツに置いて、部分だけ真似をして、「勝ちたい」という勝利至上主義で武道の門を叩いても、決して門の中には入れないでしょう。

部分的に武道のよさそうなところを採り入れる。「目的は勝つこと」。それでは何の意味も成果もありません。

たとえそれで一時的な勝利を得ることができても、すぐ壁に突き当たるのは目に見えています。

スポーツ選手が武術に学ぶことを奨励しているのは、武道には、日本人が日本人として、身体と心の両面において最大の力を発揮できるエキスが内在しているからです。そのために「究める」「深める」「歴史に学ぶ」姿勢を持ち、「師を持つ」「型に学ぶ」といったごく基本的な取り組みをする。そうすれば、誰もが持っている潜在能力がその瞬間に開くでしょう。

これはスポーツ選手に限らず、すべての人に通じます。そのことによって、晴れ晴れとした未来への視野が開け、はるかな希望が湧いてくるような感動にも出会えるでしょう。

伸びるチーム、伸びる選手に共通する資質

これまで私が指導した経験からいって、武道に接して伸びるチームは、監督が技術以上に心も重要視しているチーム、あるいは監督が「自分は理屈が先走ってなかなかわからないけれど、とにかく君たちが自分で感じろ」と、選手に実践させているチームです。

スポーツの監督には案外、自分が理解してからでないと選手に教えない、自分が必ず間に入って直接選手に教えようとする人もいます。当然のことですが、こういう場合はなかなか難しい面があります。なぜなら、直接触れた選手たちのほうが、言葉や頭脳でなく、身体で感じるからです。

せっかく感じた手がかりを監督の言葉で曇らせたり、そこに頭脳を介在させるのは、かえってマイナスです。指導後の選手たちの感想文を読むと、監督が感じている以上に指導したことを高いレベルで理解していることがわかります。むしろ監督に必要なのは、その変化・成長の本質を見ていくことではないかと思います。そして、それを

通して自らも勉強することが大事だと思います。

伸びる選手は、身体で感じた感動を素直に受け入れられる選手です。それを理屈で考えません。

できた、感じた、その喜びにかきたてられて、さらに究めようとする選手は必ず伸びます。こういう選手は、これだと閃《ひらめ》いた瞬間に姿勢が切り替わり、生まれ変わったような成果を出し始めます。自ずと成績もついてきますから、競技が楽しくなります。

もしすぐ結果が出なくても、競技に取り組むこと自体に喜びがありますから、スポーツや練習から多くを学ぶでしょう。それは、人生の大きな糧にもなり自信にもなります。

六

「型」は人を生涯にわたって成長させる

型は無限の自由獲得への手がかり

いま日本では、「型」の大切さがすっかり忘れられています。「型にはめる」という表現は、個々の個性を認めず、創造性に欠けるというような、あまりよくない意味で使われています。その影響もあってか、「型」そのものが形式的で、個性をつぶす元凶のような印象を持たれています。

そのためか、「型にはまらないこと」が個性的という風潮があります。果たして本当に型なくして「創造」はあるのでしょうか。型に対する理解や経験がないのに、「型は個性の敵」だと思い込んでいるのは、先入観にすぎません。

武道における型は、本来、無限の自由を手に入れる手がかりとなるものです。型を通して術技のひとつの法則性が見いだせます。それは、型によってすべてが自由になるということを意味しているのです。

最初に所作や手順を意識的に覚える必要はあります。その間は、型の本当の意味がまだピンとこないかもしれません。

何度も繰り返し、無意識に手順ができるようになると、身体が型の意味を感じ始めます。身体の内側に、いろいろな変化・変革を感じるからです。

型は、単なる動作ではありません。ひとつひとつの所作・姿勢にすべて意味があり、できればできるほど、身体の中にさまざまな変化が表れます。結果、それが外にも表れてきます。要は基本となる不変の型から、自分の型を見いだすことが重要です。

型が身体にどんな変化をもたらすのか、改めてその一端を体感してもらいましょう。

後ろから、誰かにギュッと両手で抱え込んでもらいます。これを振りほどいてみてください。そう簡単には逃げられないでしょう。

次に、基本的な型のひとつ、163ページでご紹介した「三戦《さんちん》」の構えをしてみてください。

顔の前で両手を重ね、胸、腹に沿って静かに両手を下ろしていきます。肩を硬くせず、手を下ろすのと一緒に両肩も下げていきます。スーッと、静かに息を吐きながら、両肩を撫《な》で肩にする感じです。力は入れません。

この姿勢がちゃんとできるだけで、瞬間的にあなたの身体は変わります。身体に気が流れるからです。

もう一度、後ろから押さえてもらってください。そして、力に頼らず、少し両肘を外に開き気味にしてただスーッと両手を上げてください。

型がきちんとできて統一体になっていたら、後ろの人はまるで毒気を抜かれたみたいに力が入らず腕が緩んで、あれあれと思ううちに両腕を持ち上げられてしまいます。

力ではありません。型をつくって、ただ無心に手を上げる、それだけです。そもそも、さっきと違って、あなたの身体が実体のないもののようになって、相手が強く抱え込むこと自体、やりにくくなります。

これは、すぐできない人もいるでしょう。どこかに力を入れたり、「持ち上げよう」と意識したらその時点で型がつくってくれた統一体が崩れ、衝突が起こって力勝負になってしまうからです。楽々と腕を持ち上げられない人は、何度でも繰り返してください。

頭で考えたら、できません。身体に任せて、身体を信じて無心にやることです。

息が詰まっていたら、何度やってもできません。胸の高さにある呼吸（息）を、腕を下ろすのと一緒にスーッとおなかの下まで落とします。

型は本来、使えるようにできています。したがって「できる」「できない」の検証とその方法、工夫が大事になります。すなわち、本来の意図どおりできているか確認する方法があります。

我流や自己満足で終わらず、実のある型になっているかどうか、きちんと評価できるバロメーターが用意されているのです。

型が身につくと、相手を簡単にふりほどけるだけでなく、押さえられてきた相手を、押さえられながら逆に自分が意のままに操ることができます。相手の重心を浮かせて、こちらが技をかけた状態になるからです。そうなれば、腕も使わず簡単に投げ飛ばすこともできます。

型のたったひとつの動作から、これだけの深み、これだけの広がりが自ずと湧いてくるのです。

日本の伝統文化は型という共通の魂を持つ

型の世界である茶道の裏千家宗匠・千玄室（元十五代家元）さんを京都にお訪ねし、今日庵・又新《ゆうしん》でNHKラジオの対談をさせていただいたとき、千玄室さんが、

「茶杓《ちゃしゃく》はなぜこの長さか、ご存知ですか？」

と、柔らかな表情で言われました。そして、

「この茶杓、お茶をすくうだけの竹べらやと思うかもしれないけど、これ実は手裏剣の長さなんです。

昔、武家たちがお茶をやった。丸腰でいてもこれさえあれば意識は手裏剣を手にしているのと変わらないんです。

そういうところまで極められていないと、文化は成り立ちません」

と、話してくださいました。

お茶は形式にだけこだわるような印象が世間では強いけれど、形式の繰り返しの中から一切の無駄が消え、武道と同じく真の自由が得られるのだと思います。茶道のお

点前《てまえ》や道具にも、すべて意味があるのです。

武道と通じる、さすがは長い伝統を持つ日本文化だと感じ入りました。

「イラクに行って、戦争をやっているところでお茶を点《た》てたい」

そうも、千玄室さんはおっしゃいました。茶道を極め、世界各地で茶道の普及と民間外交を重ねてこられたのみならず、第二次世界大戦で出征したときは神風特攻隊員のひとりとして、死を覚悟する日々を過ごされた。それらの体験から培われた強い気、戦渦にも負けないであろう静かな気迫を醸し出されておられます。

「いまの日本には、気迫がなくなってきているんですよね。右顧左眄《うこさべん》してはへいこらしてる日本の姿は、情けないと思います。

われわれも柄杓《ひしゃく》をぐっと持つ。これがひとつの〈構え〉なんです。みんな武道に通ずるんですよ、お茶は。構えとそれから〈呼吸〉ですね。呼吸をグゥーと、こう構える。そこが基本です。それが空手の構えと同じです。

空手やお茶が受け継いでいる守礼〈礼に始まって、礼に終わる〉の中にある気迫ってものをね、日本人には持っていただきたいと思うんです」

沖縄空手が生まれた歴史もご存知のうえで、守礼の大切さ、守礼が生み出す本質を千玄室さんは端的に言い表されました。そして、「空手道と茶道の共演をぜひやりましょう」という広い心にも感動しました。

真の平和を、茶道という文化を通して発信する。その覚悟、情熱、文化伝統を担う使命感。先頭に立ってこられた人生の年輪を、肌で感じさせていただきました。茶道に秘められた魂と伝統を、きちんと受け継いでこられた方だからこその迫力でしょう。

繰り返して身体で知る型の深み

型を手がかりにすると、初めての人でも身体の変化が実感できます。この本の最初にやった正座のお辞儀も、日本人の生活の中にある型のひとつです。教えどおりやったら、初めての人でも背中にパートナーを乗せることができたでしょう。けれど、ぎこちなさは残ります。

正座のお辞儀にしても、初めてきちんとやった人、5回経験した人、10年続けている人では自然と差が出ます。正しい姿勢で繰り返していけば一生伸びるものです。

正座のお辞儀で人を乗せることができました。普通は、それを見て「すごいな」と、人が乗れたことに驚くのですが、それは私が伝えようとしている本当の意味・深みからしたら千分の一にも満たない部分です。

でも最近はみんなそういう目立つところに驚いて、それを話題にします。テレビや雑誌などのメディアは、ことにそういう傾向があります。

型を通じて学べることはそんな小さな驚きではありません。ここをしっかり認識して、高い山の存在を見直してください。

型を身につけ、型の深みを身体で知るにはとにかく「繰り返すこと」です。そして、日常の生活に取り込むことです。

付け焼き刃の稽古、短時間で要領よくやろうとする稽古では、それなりにしかなりません。型を稽古した量は、技の柔らかさと重みとなって出てきます。

相手の中に入るためには、「身体の回転数を上げることだ」と書きました。この回転数は、型稽古の繰り返しで鍛えられます。たとえば野球選手がこれを高めたい場合、

「武道をやるしかないのでしょうか？」

とよく聞かれます。

もちろん、武道の型稽古ができればそれが一番ですが、それは、一般的にいって難しいと思います。しかし野球の練習を通して、回転数を上げていくことはできます。それは野球に限らず、他のスポーツ、他の仕事や分野でも同じことがいえます。

頭で考えているうちは身体の回転数は上がらない

打者なら、素振りで鍛えることができます。まずは、素振りの回数を増やすしかありません。

野球選手の素振りを見せてもらうと、ボールを捉えずに振っている選手を多数見ます。鋭い素振り、速い素振りばかりを意識していますが、重要なのは飛んできたボールを捉えてから打つ、という感覚が必要です。

飛んできたボールをよいタイミングで打つことを想定して振っていては、投球に対応しているだけですから、いわば衝突のバッティングとなります。

力と力の勝負でなく、調和融合のバッティングをするには、投手を捉え、ボールを捉えてから打つ感覚が基本だと思います。自分の身体の中心を持ち、芯をつくることです。

そのためには、頭から身体に切り換えること。頭でフォームをあれこれ考えているうちは、回転数は上がりません。100本や200本の素振りでは、頭が働いて、この境地に入れません。まずは、頭でものを考えなくなるくらい振り込むことです。

非科学的な根性論のようですが、そうではありません。量から質を得るということではなく、質が先にあって、それを身につけるための量であることが大事です。頭から身体に切り換えることです。それがあって初めて相手と調和融合し、相手の中に入ることができます。同時に回転数も上がるのです。

山岡鉄舟は、素面木刀の稽古をしたといわれます。

普通は防具の面をつけ、叩かれてもケガのない竹刀を使うのですが、それでは本当の稽古にならない。鉄舟は、当たれば大けがをする木刀を使い、しかも面をつけずに立ち合ったのです。

中途半端な剣士では、相手と対峙したとたん、心が居付いて動けなくなります。ところが鉄舟は、常にこの状況に身を置いて、自分の心技体を鍛えていたのです。

最近では、「力」といえば筋力が真っ先に話題に上がります。武道の世界では、筋力を手がかりにすることはほとんどありません。結果として筋力はつきますが、筋力をつけるためにトレーニングをする習慣はありません。私はよく冗談で、ライオンやチーターは筋トレも準備体操もしませんね、と言いますが、それは常に実戦モードに入れる準備ができているということです。

手がかりは型稽古、そして、組手などを通して相手と調和融合する心身一致の境地を極めていくのです。

型は繰り返す中で自分だけの形に変わる

個性は型から生まれます。それは不変の型から自分に合った「個の形」に変わって初めて、型は自分のものとなり、使えるようになります。それが個性です。

型を形にしていくために、古伝空手では、分解組手という稽古のプロセスを踏みます。分解組手にも三段階あり、基本分解組手、変化分解組手、応用分解組手と進んでいきます。実際に相手と手合わせするこれらの組手を通して、さらに型の意味を理解し、身体で覚えていくのです。そして、自由組手という実戦さながらの稽古へと次元を上げていきます。

それぞれの過程でまだできていなければ前の段階に戻って、できるまで繰り返します。地道な努力ですが、先が見えない不安や焦りはありません。その先にははっきりした道があることは、師匠や先輩が見せてくれていますから、自分も段階を踏めばそこにたどり着けるという希望が湧きます。

自由組手の段階では、そこには自ずと個性が表れます。それまで徹底して稽古してきた型と分解組手に裏打ちされて、自分の動きが出てくるのです。

歴史に学び、基本に裏打ちされたうえにあふれ出る個性こそ、本来の個性だと思います。

この本では身体脳の素晴らしさをずっと書いてきましたが、ひとつ注意事項も書き添えておかなければなりません。

身体がやることはすべて善かといわれたら、そうではないからです。間違った哲学や価値観に基づいて身体脳をつくってしまうと、直しようのない悪い癖や習性をつけてしまう危険があります。

たとえば、スリの技術を身につけた人は、なかなか更生できないと聞きます。頭では悪いとわかっているけれど、身体がやってしまう、と。これは、頭より身体のほうが行動に強い影響を及ぼすという、悪い意味での証拠です。私はこれをマインド・コントロールに対し、「ボディ・コントロール」といっています。

私がこの本で、「600年の歴史と伝統」、そして「平和を願う思いから生まれた沖縄古伝空手のルーツ」と書いたのは、これが600年も前にその息吹が誕生し、人々に受け継がれ、息づいてきた真理であること、だからこそ安心して手がかりにできることを伝えたいからです。

歴史の浅い文化や教えは、その答えが歴史の中で証明されていません。わずか数十年の単位で「よさそうだ」という理論には根拠がありません。

戦後の日本を見ても、どこに不変の哲学があったでしょう。日本は高度成長を果たし、バブル経済の活況を越え、心も豊かな国に着々と成長してきたといえるでしょうか？

すべての人の才能を開花させる「守破離」のステップ

中途半端な哲学や方法で身体脳をつくると危険です。取り返しがつかなくなります。これははっきりと伝えておきます。悪い身体脳ができると、あとで直すことが難しく、自分自身が苦労を背負います。周囲も苦しむことになります。

かつて世間を騒がせた新興宗教教団による地下鉄サリン事件などは、この典型ではないでしょうか？　頭で考え、頭に訴えられるから思い込んでしまうのです。しかも、誤った身体運動を伴ってこれをやると、身体にしみついてしまいます。副作用もあり、ある時期を過ぎるともう手遅れになります。

私のところにも、我流で武道的なことをやっていた人や、伝統の型に学ばず独自の稽古をしている道場の出身者が入門を志願してくる場合が多々あります。そういう人たちは、ひと目でわかりますし、一触するとさらによくわかります。相手を探るような動きがあったり、まず頭で考えてから動くなど、素直ではないのです。これは直すのに苦労します。身体にしみついたねじれやゆがみは、これもまた頭で理解しただけでは直らないからです。

型の稽古を通して学べるものは、型そのものだけではありません。型が根幹とする「姿勢と呼吸」はもちろん、「守破離」「間合い」「感知する力」といった、人生において重要な糧となる生き方をも身体にしみ込ませることができます。

「守破離」は、師匠に学ぶ姿勢を表す教えです。私は、次のように解釈しています。

守：指導者の教えを守る

破：教えの中に、自分の工夫、努力を重ねる

離：守の原点である型の上に立って、独自の形が生まれてくる

人は誰でも才能を持っています。それを見いだして開花させる最良の手段は、守破離というステップの踏み方にあります。守破離は、昔から稽古ごとや習いごとの基本にあるものです。茶道でも、書道でも、囲碁・将棋でも、日本の伝統文化を受け継ぐ師匠がいるなら、守破離はそれで学べます。

自己の目覚め、他人に対する目覚め、師に対する目覚め。こういう生き方が守破離を通して身につきます。それが「調和融合」にもつながるのです。

「守破離」の教えは日常生活の中でも生かされる

これまで守破離の経験を持たなかった人は、2年間くらいのサイクルの守破離でもいいと思います。

たとえば、お姑さんに漬物の漬け方を習う、これも守破離です。お姑さんを先生だと思えば、尊敬できるようになります。教わることを通して耐える気持ちも出てきます。ほめられるのは10年後かもしれないけれど、毎日やっているうちに、スーパーから買ってきたものとは味が違うのがわかり、またそれを味わった人からも喜ばれるでしょう。

子どもを立派に育てる。自分が先生になる。それも守破離です。その道の深さがわかれば、守破離を学ぶ手段は何でもかまいません。日常生活で一番身近なものがいいでしょう。

守破離の「守」は、とにかく先生の教えを守ることです。先生の歩き方から行動のすべて。先生がくしゃみをしたら自分もするくらい徹底してやる。先生が白と言えば黒でも白になる。疑問を持ちながらでも、先生が何を言おうとしているのかを考える。それが「守」の姿勢です。

「破」は、「守」で徹底した基本に、自分なりの工夫を加えながら、周りのこと、他人のことも勉強する段階です。

「離」は一人前になることです。「離」になって初めて、いまの自分の存在があるのは「守」のお陰だという、本当の「守」がわかってきます。

ですから「守」にすべて包括されるといってもいいのです。

私の師である座波先生は、こと技においてはものすごく厳しく、眼光は優しさの中にも鋭く光るものがあります。その一方、心は広く、身近なおじいさんという感じです。私自身が「離」の段階に進んだとき、「守」の深さ、意味は自ずからわかると思います。離は守に包括されているからです。だから、師は自分にとって一生の先生といえます。

一番身近で誰もが体験できる「離」は、自分が親になったときです。そのとき、親の気持ちがようやくわかるのと似ています。

各地に行って、いろんな方々と交流する機会が増えました。「守破離」の伝統はいろいろなところで生き続けています。

守破離それぞれにかかる時間の長さは一様ではありません。ほとんどの場合、圧倒的に「守」の時間が長く、大事な時間なのですが、その守をいい加減にし、離だけに目がいく人が多いのは残念なことだと思います。

武道にも日常生活にも大切な「身体の呼吸」を実感する

呼吸の大切さは、誰でも知っています。

人の呼吸には、「無意識呼吸」、「意識呼吸」、「情動呼吸」があるといわれます。生命を維持するために、普段無意識にしているのが無意識呼吸です。激しく運動した後など、意識して呼吸をするのが意識呼吸です。

そして、まさかのときの呼吸、思わぬ出来事に出会って衝撃を受けたときにする乱れた呼吸が情動呼吸です。

一般的に見られる呼吸は「静の呼吸」です。戦いの中で培われた武道の呼吸はいわば「動と静をあわせもった呼吸」です。これは世界にも例の少ない優れた呼吸です。

これこそ、日本が世界に誇る貴重な伝統文化のひとつだと、私は誇りを持って感じています。

武道の呼吸、日常生活でも大切な「身体の呼吸」とはどんなものか、実感してもらいましょう。

床に腰をおろし、膝を曲げて両足のかかとを床に立ててください。

この体勢のまま、両方のかかとを、強く床に押しつけてください。力強く床をかかとで押せましたか？　何だか、もどかしくはありませんか？　押したいと思うのに力が入らない。ほとんどの人は、気持ちと身体がバラバラでイライラする感じだと思います。

上半身だけ、三戦の構えをしてみてください。

それでかかとを押してみます。さっきと違って、気持ちと身体がつながった感じがしませんか？　かかとに力を入れて床を押すことができます。型によって身体に気が流れ、身体と心がひとつになった、身体の呼吸が通ったからです。

ここで、もうひとつの方法を試してみましょう。

一度立ち上がり、さっきのもどかしい状態に戻します。かかとに力が入らないことを確かめてください。そして次に、ただ、口をパッと小さく開けてみてください。金魚がエサを飲むときのように、パッと。そしてかかとを床につけてください。

どうでしょう。身体と心がつながって、普通にかかとで床を押せていませんか？

これもまた「身体の呼吸が通った」状態です。

気道をパッと開ける感じでいいのです。なぜこれで変わるのかと戸惑うでしょうが、理屈よりも事実が先です。その呼吸によって身体が統一体となり、身体に気がめぐるからです。口や鼻でスーハーと吸ったり吐いたりするのが呼吸だと思っている人が大半でしょうが、それは口の呼吸にすぎません。身体の呼吸こそが大事です。

日本人は、西欧人に真似のできないレベルの「呼吸という文化」を持っています。この呼吸力を生かさないのは宝の持ち腐れです。この最大の財産をもっと活用すれば、さらにいろいろな発見があるでしょう。

特に戦後の日本人は、自分たちの最も得意で貴重な長所を放棄して、海外におくれをとっていること、真似をしてもあまり得意でないことなどを必死に採り入れて、欧米のあとを追いかけてきました。

それもひとつですが、自分たちのよさを忘れてしまうのはやはり本質的ではありませんし、本当に世界の中で日本が日本らしく活躍し、貢献する道ではないでしょう。

武道に年齢の限界がないのは呼吸力のなせるワザ

筋力は20代でピークを迎えるといわれます。ですから、筋力に頼った動きだと、その年齢を超えれば下り坂になるのは当然です。けれど、呼吸を動きの根源にすれば、呼吸力は死ぬまで一生伸び続けますから、年齢によって衰えることがありません。

私の師・座波先生は91歳を超えてなお、突きの威力は私の突きをはるかに上回ります。身長150センチに満たない小さな身体のどこからその力が湧いてくるのか、初めて接する人はみな目を見張ります。呼吸がなせる業ではないでしょうか。

スポーツが共通して持っている最大の弱点は、「年齢に対する答え」を持っていないことだと思います。筋力に頼ってスポーツをやっていたら、筋力がピークを迎えた年齢以降は衰えるばかりです。日本の野球選手は一部を除いて30代前半から、長くても30代の後半までで引退します。

私は56歳になったいまでも、まだまだだと思っています。

先日もK－1の現役選手と組手をやりました。格闘技ファンなら誰もが知っているほどの選手ですが、彼の攻撃はすべて私にかわされ、スピード、拳の重さ、蹴りの違いに驚いていました。

50歳を過ぎて、なぜそれができるのか？　筋力トレーニングや、いまのスポーツの常識では答えが出ないと思います。古伝の武道には、はっきりした答えがあります。スポーツ的な発想と武道の最も明らかな違いは、年齢に対する答えを持っていることです。

その根本にあるのが「呼吸」です。そしてまた、呼吸を培うのが「型稽古」です。最も身体と結びついているはずのスポーツ分野の人たちでさえ、呼吸の大切さに気づいていません。教育、政治、会社経営に携わる人たちもまた、呼吸の大切さを忘れ、理にかなわないやり方をして務めにあたっているのが現状です。

いま、社会全体の重心が浮いています。社会が「欲」で動いている。社会の呼吸が詰まっていますから、さまざまなひずみが出てくるのだと思います。

心の奥に眠る「間合い」を引き出す

「間《ま》」は瞬間的なもの、「間合い」は時空的な要素です。たとえば、万引きした子どもを1週間後に怒ってもダメですね。即怒る。そして悪いことだと気づかせる。これは間です。大人になってから万引きした人に怒っても、怒って悪いことに気づかせるというのにはすでに時期を外しています。やはり間がずれているからです。効き目がないのです。

間合いとは「自分と相手との時間、空間の場」を指します。

ビジネスでも間合いが大事です。目には見えませんがとても重要です。エネルギーのない人の間合いは弱いものになり、すぐに崩されます。強い間合いには強いエネルギーが働いています。エネルギーというのは「心のあり方」です。強い心、素直さ、自信、勇気、これは本来、誰にでもあるものです。

間合いの取れない人を「間抜け」といいます。スポーツや日常生活では、この間合いを意識していない人が多いのですが、日本人なら誰でも心の奥に眠っている間合いを引き出していけばいいのです。

間合いを大事にすることによって、平常心が生まれます。それは安定、そして調和を生みます。調和の姿勢をとると、相手の先が見えてきます。先が見えるので、相手をよく見る余裕が生まれ、状況がよく見えてきます。

特に武道では、間合いは大事な要素です。基本や型では見えないものを、試合は教えてくれます。さらに実社会での実践は、試合では見えないものを教えてくれます。

言葉が伝達する情報量は、身体が感ずる情報量のごくごく一部にすぎません。

私たちには、情報を意識して取り込む以外に、「感知する」方法があります。感知から得られる情報量は意識（言葉）の百万倍くらいといわれます。意識という観点に立って生きている人は、感知できる人の百万分の一しか入力できないということです。

たとえば、打席に立って投球を見るとき、意識して見ればスピードは速く見えます。感知して見ると、同じ球がゆっくり見えます。そういう差が出ます。

統一体を保てば
見えないものでも「感知」できる

野球の指導に行って、これを体感してもらうことがあります。

打撃練習をしている打者に、一度、バットを置いて、腕組みをして打席に入ってもらいます。腕組みをしたまま、投球を見るのです。何球か見たら、またバットを持って、「打とう」という思いで打席に立ってもらいます。すると、打者は「速い」と驚いたつぶやきを洩らすことがしばしばあります。

腕組みして見ていると余裕をもって見えるのに、バットを持って「打とう」としたとたん、同じ球が速く見えるのです。ピッチング・マシンで同じ球速にセットしておけば、速さは一定ですが、打者からはボールの速さが違って見えるのです。

次にもう一度、腕組みをして何球か見ます。そして今度は、腕組みをしているのと同じ感覚で、打とうとせずにバットを構えます。するとまた打者は驚いた顔をします。ボールが、遅く見えるからです。

「打とう」とすれば身体のどこかに力が入り、息が詰まってボールが速く見えますが、になるのです。

「打たない」と決めて打席に入ると統一体が保たれ、自ずとよくボールが見えるよう

不思議かもしれませんが、よほど鈍感な打者でない限り、ほとんどの選手がこれを実感します。

そのままの感覚を保ってボールを迎え、打とうとせずにボールと調和する感覚で打てば、以前より楽々とボールを捉えることができます。身体のどこにも力が入っていない。周囲から見たら、すごく柔らかな動きに見えます。ところが、ボールの芯に入り込んでいるため、打球はさっきより格段に鋭くなるでしょう。

脳で考えると、五感の働きは鈍くなります。感知能力が下がってしまうのです。頭脳から身体脳に切り替えれば、これだけ感知能力が鋭く働き始めます。

感知された情報は、処理されて痕跡が残ります。これを身体脳にインプットすると、情報の大きさが深さになります。それがその人の器になる、これが統一体ということです。

あらゆる経験、あらゆる感知、たとえば甲子園に出た、決勝も経験した、それもひ

とつの感知です。負けた、悔しさを感じた、それも感知です。言葉では伝わりにくい雰囲気や思い、それを身体で感じるのが感知能力です。

ナンバーワンを目指すのでなく、オンリーワンの道を行く。極める世界を生き、調和融合を求めるならば、言葉から感知の世界に転換することです。

個人と社会の型を取り戻して世界の現実に立ち向かう

グローバリゼーションという言葉が一般化して、日本も国際感覚を持たなければ先進国の一員ではいられない、といった論調が広がっています。

けれど多くの日本人は、メディアで発信される一面だけにとらわれて、世界でいま本当はどんな動きが広がっているか、大切な事実を案外、見逃しています。現在のメディアは、何か事件があったり話題が起きるとそれに集中する傾向があります。大きな注目を集めない事件や情報は片隅で報じられ、広く知られずに終わる場合がほとんどです。

たとえば世界のIT産業の大半は、インド、イスラエルに関連する企業で占められています。世界優良企業50社の中に入っている日本企業は、わずか数社にすぎません。イスラエルに関連した企業が、約7割を占めているといわれます。ITビジネスの最先端はイスラエルに集中しているのです。

そのイスラエルに行く直航便を、日本は持っていません。先進国でイスラエルへの直航便が就航していないのは、日本だけです。このことを問題視する声はそれほど上がっていない。これがいまの日本の国際感覚です。

日本人は九九の掛け算をきっちりやる、だから優秀なのだとずっといわれてきました。それは、世界でも最高レベルなのだろうと思っている人が少なくないでしょう。

ところが、九九は世界的に見るとそれほど高いレベルではありません。インドの子どもたちは、19×19までの掛け算を覚えています。他の国でも、11×11までやる国は珍しくありません。その実態を知っている日本人が、どれほどいるでしょう。それもきちんと知らされずに「ゆとり教育」が導入され、現場の混乱と反発を招いています。

アジア諸国だけを見ても、中国、台湾、韓国など各国が、いま目の色を変えて教育に力を入れています。それなのに、日本だけが本質から外れた迷走を続けているように思えてなりません。

教育の原点、教育の基本を失っているのです。

私は高校野球の指導を通じて、高校の先生たちと毎月、勉強会を重ねています。彼らは、野球部の監督である前に高校の先生たちです。彼らは教育の現場で、野球部だけでなく学校全体の空気を変えようと懸命に取り組んでいます。

そういう先生たちの頑張りを目の当たりにすると、応援したくなります。管理するお役所が現場を見ずに頭で考えた論理では、教育の現場は苦しむことになります。先生も生徒も、混乱するだけです。

ここでも本質的な成果を挙げる手がかりは、頭脳より身体脳です。そのためにも、社会にも型が必要です。いまの日本は、型を失って、生きる道筋と自信をなくしているように思います。

「人は50歳までに顔をつくれ」、といわれます。それまでの生き様、生き方が顔に表れるのです。50歳を過ぎると、顔はなかなか変えられない。深みや厳しさ、優しさ、人間味、すべてがその顔つきに表れてしまうのです。

中でも目は、他のどの部分より正直です。化粧で顔をつくることはできても、目玉は化粧ができません。そして、いくらごまかそうとしても、「目は口ほどにものを言う」とはよくいったもので、その心根、人間の重さ軽さがはっきり表れます。だからこそ、しっかり年輪を重ね、誇りある眼差しをつくりたいものです。

その手がかりは、「師を持つ」「型を学ぶ」「極める世界をいく」。

そして、一瞬より短い「いま」を気迫をもって生きることだと思います。

七

身体に嘘のない生き方が家庭を守る

家族共通の話題が空手だった幸せ

「武道の心で毎日を生きる」と題して書き進めてきたこの本も、最後の章を迎えました。

日常生活の基盤は、いうまでもなく家庭です。まとめに代えて、家庭について武道から学んだこと、私が実践してきたことを述べます。

ここまで読んでくださった読者は、普段は開発の仕事に明け暮れ、週末は空手の稽古で過ごす私には家庭がないのではないか。あっても大変なのではないかと心配されたかもしれません。

たしかに、自宅で子どもとゆっくり過ごす時間はほとんどありませんでした。国内をはじめ、海外出張など家をあけることが多く、いたとしても朝は早く、夜の遅い生活でした。

現在、娘と息子、二人の子どもは無事に育って社会に巣立ちました。

理想的な家庭からはほど遠い、猛烈に忙しい日々を過ごしながら、二人の子どもが無事に育った秘訣といえば、二人とも4歳から半ば強制的に、当たり前のこととして始めさせた空手でした。それはいまも続いています。先生と弟子、親と子という絆です。それと家内のお陰だと思います。家内はずっと小学校の教員をしていますが、仕事と育児で大変だったでしょうが、やり抜いてくれました。

子どもは親を見て育つといいます。子どもたちはそんな母親を、そして働きながらも週末は必ず空手の稽古をする、私の背中を見ていたのだと思います。

仕事は家族共通の話題ではありませんから、仕事だけやっていたら、家族の話題がなくなって家庭は崩壊します。父親は朝早く出て夜は遅く帰る生活、さらに単身赴任などあれば家族共通の場すらなくなってしまいます。それを何でカバーするかが重要です。

私たちには空手がありました。毎週土、日の空手の稽古が、家族の接点をつくったのだと思います。

師である座波先生を、家族全員が尊敬しています。審査会などで先生をお呼びしたとき、後の懇親会には必ず家族全員でおもてなしをします。大切なのは、心のつながりです。

息子は高校時代、サッカーばかりやっていて大学の受験勉強を熱心にやりませんでした。けれど、私はまったく気にしませんでした。自分で気づくときが来たら、そこで気がつくでしょう。その時点でやっとわかる。それでいいんだ、と私は思っていました。

一般的な親御さんとは、その価値観が違うかもしれません。たとえば試合に負けたら、負けたことが勉強になる、と思っています。親がいくら口で言っても、本人が身にしみてわかって、その気にならなければ意味がないのです。

二人の子どもには、空手の型と組手を通して、上達のメソッドや、ものの見方、考え方などを教えています。稽古は厳しいので、ときどき悔し涙を流しています。けれど、それ以外はうるさく言いません。

子育てで貫いたのは「身体で教える」という姿勢

まだ息子が小学生の頃、私に「友だちのお父さんはすごいんだよ。会社の社長で、社員が7人もいるんだ」とか、自分の友だちが「高槻市の空手の大会で3位になったんだ」と言ったことがあります。

息子は素直な敬意をもって、羨ましそうに言ったのです。私は笑って相づちを打ち、何も言いませんでした。

私はその頃、会社経営のトップに立つかたわら、全日本剣道連盟居合道の出場選手が300〜1000名規模の大会で、優勝を50回以上していました。

また、私の道場には空手の日本チャンピオンはもとより、格闘技のプロのチャンピオンたちも来ていたのですが、そんな話は息子にはしませんから、息子は知らなかったのです。

私は、それでいいと思っていました。

子どもが親に抱く尊敬の念は、何かの大会で優勝したとか何位に入ったからという相対的な評価から生まれるものでは本来ありません。一緒に暮らし、さまざまな経験を共にする中で、子どもが親に感じる強い信頼と敬意、それこそが大事なことだと思います。

空手に対しては、どちらかといえば娘のほうがずっとひたむきに取り組んでいました。息子はむしろサッカーに夢中で、空手に身が入らない時期がありました。

息子の目の色が変わったのは、大学の2回生のときでした。ラスベガスで開かれた「AIKI EXPO」という実践講習のイベントに、アシスタントとして娘とともに同行させたのです。

全米各地を中心に約900名の参加者があったこのイベントで、私が講師を務め、身体の大きな猛者たちを相手に稽古をつける姿を見て、息子は何かを感じたようでした。空手に取り組む姿勢が変わったのはそれからです。

しかし、それまでは、空手に対するあまい考えが息子にはありました。息子にかなりハードな特別稽古をつけているとき、40分くらいで顔色が真っ青になって倒れかけたのです。息が上がっている。「裏でタバコを吸うとるからそうなるんじゃ」と私は思いました。

組手をやると本当の息が出てきます。においが出てくるので、タバコを吸っているのがわかります。

そこで、「タバコはやめろ」と言うのでなく、「そんなやったら、空手をやめろ」と言いました。40分もたないくらいなら、空手をやめろと言ったのです。タバコを取るか、空手を取るかではなく、空手に取り組む姿勢のあまさを怒ったのです。

私はそういう教え方です。それが「身体で教える」ということです。

大人の嘘や言い訳が子どもたちの身体を混乱させる

ただの精神論で「心を鍛える」と言っても、子どもには伝わりません。それを言う大人の重心が浮いているからです。肚が据わっていない。その証拠に実際後ろから押すと軽いです。逆に肚が据わると重心が落ち、後ろから押してもぐらつかず、重たいことがわかります。

最近はビジネスマンも学校の先生も、みんなが軽くなってきている。子どもは、親や先生が「軽い」のを知っていますから言うことを聞かないのです。

子どもに「やってはいけない」と厳しく叱っておきながら、親は平気で同じことをやっている。子どもはそれを見ています。「大人だから」というごまかしは利きません。

親自身は案外気づいていないのですが、親のちょっとした嘘や矛盾を目の当たりにして、子どもたちはすごく傷つき、混乱しています。

たとえば、子どもには「信号を守りなさい」と言っているのに、自分が急いでいるときは平気で赤信号を渡る。車内放送で呼びかけがあるにもかかわらず、電車の中で携帯電話を受ける。

大人にとっては、「仕方がない」「これは特別」などと言い訳が用意されていても、純真な子どもは身体の中で激しい混乱を起こしてしまいます。理解しようとすれば、身体でなく頭で納得するしかありません。

そのために、頭で理解し、理屈で正当化する人間に育ってしまいます。

本来、そういう理屈や詭弁《きべん》を、身体は受け付けません。それを繰り返すうちに、身体で感じて動くより、頭で理屈を覚え、理屈で行動する子どもになってしまいます。親たちの「嘘や矛盾の積み重ね」が子どもたちの身体を混乱させている。心が行き場を失い、心がねじれてしまう。

それが不登校やいじめ、ひきこもりなどの要因になっている現実を、どれだけの親が気づいているでしょうか。

せっかく子どもが持っている身体脳の形成を阻んでいるのは、誰よりまず親たちです。言い訳は無用。言い訳は頭脳には通用しますが、身体脳には通じないのです。

ゲンコツには父親の生きざまのすべてが出る

子どもが万引きしたと連絡を受けて駆けつけたお母さんが、「いくら払えばいいんですか?」と聞いた、という話があります。呆れてものが言えません。

なぜ、そういう時代になったのでしょうか?

お母さんは、子どもの万引きにショックを受け、悲しみとともに、そのお店に行ってお詫びをするのが普通だと思います。犯した過ちが「お金では済まないことなんだ」ということを、子どもは痛感するでしょう。子どもの身体にそれが刻み込まれます。

ものの見方・考え方の基本をつくらなければいけない子ども時代に、親が損得勘定ばかり考えていると、子どもにそれが反映されてしまいます。脳が発達する段階で損得が入ってくると、脳は正しくない発達の仕方をします。

いまの子どもたちは、一番大切な「心の基盤」をつくらなければいけない時期に、早くから受験勉強をさせられています。

親は「子どもが塾に行きたがった」「受験をしたいと言った」と理由をつけるかもしれませんが、「本能的に」塾に行きたがる、受験をしたがる子どもがいるでしょうか？それは親の損得勘定や見栄の影響を受けて、子どもがそう思い込んだにすぎません。

本当はもっと大事なことを教えなければいけない時期です。もっと家庭で人として大切な経験をさせなければいけない時期に、受験勉強ばかりさせる。おまけにお父さんが、平日の夜だけでなく、週末も仕事や接待で家に全然いない。そういう家庭生活では、子どもの心身は素直さをもって形成されません。

家庭では、親が模範を示すことが基本です。それができていないいまの家庭は、日常生活の基盤が失われている、深刻な状態です。

自分の手と足で実践し、極めていく趣味を持つことによって、心身ともに希望の道が開けます。

最近は「わが子に感動している親」が多すぎます。

親の行動ひとつひとつに子どもが感動しているなら、まだわかります。子どもは親を見て育つのです。ところがいまは、親が子どもに感動するばかりです。子どもが親のさりげない行動や配慮に感動する場面が、どれほどあるでしょう。そのことに、多くの親たちが気づいていません。

子どもは、親が職場で働く姿は見ていません。子どもが見ているのは、家庭で過ごす親の姿です。その親の姿で子どもを育てる覚悟ができているか？　子どもはいつも親を見ている、そこが家庭の基盤です。

昔の家庭では、躾はゲンコツでしていました。

ゲンコツに言葉はいりません。それを暴力ととる、時代の情けなさを感じます。ゲンコツをすべて否定すれば、将来大きな弊害を生むでしょう。

人間はどうあるべきか、昔はゲンコツが教えてくれました。子どもたちは、ゲンコツによってハッと気づき、人の道を理屈抜きに教えられていたのです。ゲンコツでガツンとやられた記憶は一生忘れません。身体に刻まれますから、ゲンコツで学んだ子どもは脱線しないのです。

いまは、肝心な場面でガツンとやる勇気のない父親が多すぎます。むしろ、そのほうがいいのかもしれません。

もしゲンコツに、親の損得勘定や勝手な押しつけ、言い訳などが入っていたら、それはゲンコツではなく、たしかに暴力です。悪い意味で子どもをゆがめ、親子の衝突につながります。恨みが残るからです。

ゲンコツには、父親の生き様のすべてが出るのです。子どもが人の道に外れたことをしたとき、毅然としてゲンコツでガツンとやれる生き方を父親がしていること、ガツンとやられたとき、「この野郎！」と反発を感じるのでなくハッと気づくだけの尊敬を持たれていること、それが家庭の基本です。

いまわかるかどうかは問題ではありません。たとえば、万引きして頭にガツンとゲンコツをもらって頭にきた、反発を感じた、ではないのです。あのときのゲンコツがあったからこそいまがある、となります。

肉体が理性をつくってくれるのです。

激変の時代の中で「家庭の基本」を積み重ねて生きる

私たちが子どもの頃は、「ご飯粒を残すと目がつぶれる」とよく言われました。いまそれを言っても、正しい意味を理解しない子どもや若者が増えています。

「先生、ご飯を残すと本当に目がつぶれるんですか？」

一流といわれる大学でこの話をしたとき、そう質問されました。土台になるものがないから、会話が通じないのです。

この格言の意味は、子どもでもわかります。ご飯を粗末にしてはならない、米一粒でも残してはならないという意味です。でもこの学生は、まっすぐにその意味を受け止められなかったのです。

私たちが子どもの頃には家の近くに田んぼもあったし、そこで働いているお百姓さんの姿も見ています。都会で育った子は、そういう姿や光景を見ていない。だから、ご飯粒を残したら目がつぶれるという意味もきちんと教えないといけない。

サンタクロースがいることを信じるのと一緒で、こうした話は頭に残ります。いまわかるかどうかは問題ではなくて、正しいことを伝えることに意味があるのです。

いまの親は、子どもが理解できそうなことしか教えません。親と子が友だちみたいな関係で、逆に言いたいことが言えない。お互い気に入られることばかりやっていたら、子どもがおかしくなって当然です。

「米は一粒でも残したらいけない」と、はっきり教えないといけません。「なぜいけないか」、小さいときに身体に刻むことです。

昔はみんなが自分の仕事を誇りにしていました。本人ばかりでなく家族もその仕事を誇りに思っていた。けれど、いまはその誇りが失われています。

商店街に大規模なスーパーマーケットが入ってきて、個人商店をつぶしていく。機械化が進み、職人さんが時代遅れで不要な存在のようにいわれる。

警察官も、「おまわりさん」と呼ばれていた時代はみんなが尊敬していました。いまはおまわりさんが少なくなっています。「警察官」になって、尊敬の度合いも薄くなってしまいました。

生活の基盤である自宅周辺の環境も変化し、社会の基本が崩れています。そうした時代の流れに飲み込まれて自分たちも基本を失うのでなく、たとえ周囲が変わっても、それぞれの家では「家庭の基本」を積み重ねて生きることから始めればよいのです。

親の必死に生きる覚悟や姿勢は必ず子どもに伝わる

私は、子どもには勝ち負けのつく空手の試合はさせません。試合の負けをそのまま引きずってしまうからです。空手の道場だけでは収まらず、学校でもその延長になっていく場合があります。だから試合はさせるけれど勝ち負けの判定はせず、内容のよし悪しを判定します。

空手の基本は、誰かに勝つという相対ではありません。自分に勝つ、そして自分に自信を持つという〈絶対〉を教えているのです。

プロレスごっこの類は遊びではありません。他人をこづいているのに変わりありませんから、そのままいじめに発展します。相撲とか柔道をやらせるのはいいですが、遊びでやられた側はうらみが残ってしまいます。

動物はそれを知っています。虎とかライオンがじゃれ合うのはちょっと意味が違います。

ライオンは子どもを運ぶときも相手を攻撃するときも口を使います。が、子どもを運ぶときの噛み方と、獲物を食い殺す噛み方を使い分けています。

ところが、最近の子どもたちは加減を知りません。身体で鍛えられていないからです。だから平気で殴ったりするのです。本当に優しい子というのは、手を出しません。

冗談か本気かわからないこづき合いは、身体に残ると非常に危険です。精神的な後遺症になってしまいます。

一度溺《おぼ》れると水が嫌いになって、いくら「怖くないよ」と言ってもダメでしょう?

それと同じで、喧嘩も中途半端にやられていると、身体に悪い記憶や体験が残ってしまうのです。悪ふざけから過激な暴力になり、殺し合いにさえなってしまいます。だからこそ、身体には中途半端でなく、確固とした体験が大切です。身体は、プラスの記憶も忘れません。これを積み重ねていくことが、真の成長につながります。武道は、そのための非常によい手がかりです。

武道は、人を殺す最強の方法であるにもかかわらず、人を愛する道を極めています。一見矛盾しているようですが、究極をいくから人を愛することがわかるのです。究極になって初めて、「生きる」とか、「人を大事にする」という精神が生まれてきます。

武道の主眼は「恐怖心を乗り越えること」にあります。生死をかけてとまではいきませんが、私自身、武道を通してそういうものを実感してきました。

私が、なぜ宮本武蔵が書いた『五輪書』にエネルギーを感じるかというと、やはり武蔵本人が実践者だからです。実践していない人にも、似たような本は書けると思います。けれど、みなぎるエネルギーがぜんぜん違います。活字になっても、その差が表れます。

教えてばかりで、自分が学んでいない、実践していない親や教師が多すぎます。子どもはそれに気づいています。

親や先生自身がやってみせることもできないのに、口先だけで教えても子どもには響きません。親が自分の中に自信を持つ。必死になることです。そういう覚悟と姿勢は子どもに伝わります。

世間の流れに逆らうことはできない、世間がこうだから自分たちも、という考えで子どもを育てている親が多い。心が弱いから仕方ありません。心が弱い、負けているということです。それで子どもを毅然として育てられるわけがありません。

ユダヤ人が子どもに身をもって教えることのひとつに、次のような話があります。子どもを階段からポンと、自分の腕の中に飛ばせるというのです。

二段、三段、しっかり親が受け止めます。四段、五段、まだ大丈夫。子どもは徐々に安心し信頼を高めます。

やがて、かなり高い段に達したとき、親はパッとどいて、子どもを受け止めない。子どもの混乱は容易に想像がつきます。ユダヤ人は、そうやって、「油断するな」ということを教えるのです。

いかなる場合でも、むやみに人を信頼しきって油断してはならない。これは身体に刻みつける教え方です。

クマは、危険に直面し、子どもが外敵に襲われそうになってどうしても逃げ場がないという究極になったら、自らわが子を食べてしまうそうです。自分の身の中に収めることが一番安全であり、守るという意味でしょう。一見残酷ではありますが、それが親の愛情の形でもあります。

日本のいまの親たちが、そこまでの覚悟で子どもと接しているか。親として、身を賭《と》して子を育てる覚悟をもって躾をしているか。

それができなければ、子どもは最も大切なものを親から与えられずに大人になっていくことになります。

それでも私は、コップ1杯の水を大河に流し続ける

素直で明るいこと。当たり前ですが、これが大切です。胸を開き、身体のライトを照らして生きる。

空手の基本は型の稽古だと、この本で繰り返し書いてきました。型を教えていても、素直で明るい人とそうでない人では歴然とした差が生まれます。運動神経とか、それまでの競技経験は関係ありません。

素直で明るい子は、吸収してどんどん伸びます。暗かったり、斜めに見たり、常に疑いを持って取り組む子は伸びません。

最近の世の中は、狡猾で物騒な事件も多発していますから、疑うことも大切だと教えられます。が、疑うばかりでは、本当の予防にも解決にもなりません。そういう教育の仕方が子どもを曲げてしまう心配もあります。

一番大切なのは、身体が感じる力を磨くことです。身体で危険を察知できれば、常に疑うことを意識して生きる必要はありません。

何か危険に直面して、おかしい、危ない、と身体が反応する敏感さこそ重要です。最近はそれが鈍くなっています。だから奇妙な犯罪を起こす人間も増えるし、気づかず被害に遭う人間も増えているのです。

スマトラ沖地震で大津波が発生したとき、いつもは従順な象が、象使いの制止を振り切って鎖を引きちぎり、日本人観光客を背中に乗せて山の上に運んだ話がありました。その象は、安全な高さまでたどり着くと跪《ひざまず》いて背中の日本人を下ろしたそうです。象は、津波の危険を本能的に感知したのでしょう。

こうした感知能力は本来、人間にもある本能です。明るく素直にすべての基本となる型を持ち、覚悟を決めて日々の生活に取り組むことで、感知する力もどんどん研ぎ澄まされていきます。

苦難に出会ってもくじけない、ひがまない。勝っておごらず、負けてくさらず。明るく素直に、基本を積み重ねて生きる。そういう人、家庭が増えていけば、日本は変わると思います。

世の中の大きなうねりの中で、自分ひとりだけ志を立てて頑張っても無駄ではないかと思っている人が多いかもしれませんが、私はそんなふうには思いません。

「大河にコップ1杯の水を流し続ける」

これは私の信念としている思いです。たとえ1杯の水でも、ずっと注ぎ続けたらその清い水をたどって、魚たちが上ってくるでしょう。

1杯の水が、やがて大きな奔流になると信じて、これからも修行を重ね、発信を続けていきたいと思います。

あとがき

私にも辛くて厳しいときがありました。そんなとき、家族は何よりの支えとなり、空手を通して身についた「すべてが修行だ」という心、希望をもって耐え忍ぶという忍耐によって、幸福感をもって自分の道を歩いてくることができました。

濁った泥水の中で葉を広げ、見事な純白の大輪の花を咲かせる蓮を見るのがとても好きです。心が自然と安らぐからです。

武道に見られるような「型」を通して身につけた姿勢や呼吸は、希望と自信を与えてくれます。そこには不変の真理があるからです。人は心によって支えられています。私はこの本で、そのための基本となる「姿勢」や「呼吸」の一端をご紹介させていただきました。

この本は、サンマーク出版の梶原光政さんから、「厳しい不況の時代、生きる希望や目標を失っている中年男性に、明快な指針と勇気を与える本を書いてもらえませんか」と依頼を受けたのをきっかけに生まれました。

私自身、ビジネスの世界で約30年間生きてきました。自分のつたない経験を書くことには抵抗がありましたが、それが読者の励ましになればと願い、ビジネスの体験も交えて書かせてもらいました。

なお、この本の原稿は、宇城塾の塾生でもある、作家・スポーツライターの小林信也さんが執筆に協力してくれました。おふたりには、心より感謝申し上げます。

この本を書いている間にも、新潟県中越地震、スマトラ沖大地震など大きな天災が国内外で起こりました。世界は、経済不況や戦争の不安のみならず、自然の脅威にもさらされています。この不安定な時代にあって、どんな姿勢で今日を生きていくか、この本が読者の皆さまの手がかりになれば、うれしく思います。

2005年3月

宇城憲治

本書は、2005年4月、小社より刊行されました。
本文中のデータなどは、刊行当時のものです。

宇城憲治（うしろ・けんじ）
1949年、宮崎県生まれ。心道流空手道師範、全日本剣道連盟居合道教士7段。現在、沖縄古伝空手心道流実践塾・身体脳開発メソッド実践スクール「ＵＫ実践塾」を主宰。67年、宮崎大学空手部に入部。卒業後、大阪に移り、心道会の座波仁吉最高師範に会い、それまでの競技空手に疑問を感じ、同氏より直接指導を受け、沖縄空手、座波空手に傾注する。86年、由村電器技術研究所所長、91年、同社常務取締役、96年、東軽電工代表取締役、97年、加賀コンポーネント代表取締役を経て、2004年、ＵＫ実践塾代表。主な著書に、『武道の原点』『武術空手の知と実践』『武術空手への道』『武術空手の極意・型』『頭脳から身体脳へ』『空手と気』（いずれも合気ニュース社刊）がある。

サンマーク文庫
武道の心で毎日を生きる

2009年10月15日　初版印刷
2009年10月30日　初版発行

著　者　宇城憲治
発行人　植木宣隆
発行所　株式会社サンマーク出版
東京都新宿区高田馬場2-16-11
(電) 03-5272-3166
印刷・製本　中央精版印刷株式会社

ISBN978-4-7631-8477-1 C0130

● ホームページ
http://www.sunmark.co.jp
● 携帯サイト
http://www.sunmark.jp